MANAGEMENT SUP

Gestion internationale des ressources humaines

3e édition

Michel Barabel
Olivier Meier

DUNOD

ISBN 978-2-10-070942-7

Table des matières

Remerciements

Cet ouvrage est le fruit d'une expérience d'une dizaine d'années au sein des filières RH des Universités Paris Est et Paris Dauphine. Il s'inscrit dans un programme de recherche croisant la question de l'internationalisation des entreprises et le management des ressources humaines. Cette investigation a déjà donné lieu à la publication de deux ouvrages de références *Management interculturel* et *Entreprises multinationales* aux éditions Dunod.

Un grand merci à Frédérique Pigeyre, professeur à l'Université Paris Est avec qui nous co-dirigeons le Master 2 « GRH dans les entreprises multinationales » de l'IAE Gustave Eiffel.

Nous tenons à remercier nos partenaires professionnels pour avoir échangé avec nous sur ces sujets et en particulier Jean-Marc Ayme (La banque Postale), Denis Cristol (CNFPT), Philippe Cuenot (Bouygues Telecom), Rodolphe Delacroix (Towers Watson), Marc Deluzet (OSI), Stéphane Gannac (La Mutuelle Générale), Gilles Lejeune (Cerise), François Monchy (CGG Veritas), André Perret (DPM&Associés), Jonathan Pottiez (Formaeva), Jean-Louis Riotte (Areva), Stéphane Rousseau (Accor), Jérôme Savy (ATT), David Tabournel (Mylan), Jean-Louis Todesco (RATP), Jérôme Wargnier (Alberon Partners), Sophie Windak (Kering).

Un remerciement sincère est également adressé à nos contributeurs : Hervé Borentzjen (Karistem), Sylvie Guyon (Crédit Agricole), Jennifer

Quinot (Hutchinson, Groupe Total), Marie-Laure Tourbet (Véolia Environnement) ; Céline Lemercier (Rexam) et Thomas Ripert (RRH International) pour leurs apports à l'analyse.

Nous souhaitons aussi remercier chaleureusement les membres de l'Association pour la réalité et les relations internationales (ARRI) et notamment son président, Jean-Michel Faure, ainsi que l'Association nationale des directeurs des ressources humaines (ANDRH) et en particulier Catherine Carradot, son délégué général.

Nous n'oublions pas nos collègues de la revue Personnel et en particulier son rédacteur en chef Izy Behar (président d'EAPM), ses rédactrices en chef adjointes (Sandrine Weisz, Sylvie Aghabachian) et les membres du comité de rédaction (Dominique Bailly, Florence Davy, Jean-Michel Garrigues, Olivier Jaskulké, Jean-marie Peretti, Pierre-Yves Poulain, François Silva, Thierry Teboul, Bruno Wierzbicki…).

Nous adressons une pensée amicale aux membres de l'Institut de recherche en gestion avec lesquels nous avons pu partager des discussions riches et passionnantes sur ce sujet.

Enfin, nous n'oublions pas nos étudiants, notamment ceux du master 2 « GRH dans les entreprises multinationales », de la licence professionnelle « Gestion des ressources humaines/ARH » de l'Université Paris Est et de la licence « Management international ».

Préface

La question de l'internationalisation de la gestion des ressources humaines est une question qui ne se pose plus. L'ouvrage de Michel Barabel et Olivier Meier vient en apporter une confirmation, en même temps qu'il apporte des clés de compréhension et de mise en œuvre.

Le DRH, dans nos entreprises, est aujourd'hui au centre d'un certain nombre d'affirmations dans l'exercice de sa fonction. Le DRH est un professionnel qui doit bien connaître son entreprise ses marchés et les hommes et femmes qui la composent.

L'international n'est pas loin, ici. Les marchés souvent dépassent le territoire national et les collaborateurs qui circulent librement, au moins s'agissant de l'Europe, apportent aux conceptions anciennes une dimension d'ouverture.

Le DRH doit savoir : quelles sont les règles, les techniques et pratiques applicables dans son domaine, ici mais aussi ailleurs. Il doit savoir comment sera géré un Français que l'on envoie à l'étranger, de la même manière qu'il doit savoir comment sera géré un étranger qui vient travailler en France. L'un et l'autre ont un passé, des habitudes mais aussi des acquis, souvent inscrits dans des systèmes nationaux.

Savoir pour pouvoir : pouvoir exercer mieux son métier, dans l'intérêt de l'entreprise et des collaborateurs.

Pour autant, et même en maîtrisant les techniques de gestion en France et à l'étranger, pour des gens d'ici et d'ailleurs, le rôle du DRH international ne se résout pas en une juxtaposition d'individualités. En effet, le DRH doit concourir à créer une homogénéité nouvelle des équipes, fondée sur une multiculturalité, facteur d'une meilleure performance collective.

Cette dimension nouvelle vient challenger l'expertise du DRH attaché à connaître les arcanes d'un droit social national, quel qu'il soit, pour aller au plus haut niveau de l'entreprise, vers une mission dans laquelle on parle de résultat à atteindre, d'objectifs à réaliser, en utilisant cette dimension internationale et la culture nouvelle née dans le creuset de cette diversité.

Faire travailler ensemble des personnes d'horizons différents, les faire travailler dans des structures qui ne sont pas les plus traditionnelles, intégrer dans une chaîne cohérente de création de valeur des éléments délocalisés, continuer à montrer l'unité d'une entreprise même si elle est morcelée sur plusieurs territoires et avec des personnes de plusieurs origines, voilà ce que devient le quotidien du DRH.

Que dans ce quotidien difficile, le DRH puisse avoir sur son bureau cet ouvrage sur la GIRH, c'est une chance… pour ne pas dire une nécessité.

Izy Béhar, président de l'EAPM
(*European Association of Personnel Management*[1]),
rédacteur en chef de la revue Personnel (ANDRH)

1. L'EAPM regroupe les associations nationales des professionnels des ressources humaines de 28 pays du continent européen : Autriche, Bulgarie, Chypre, République Tchèque, Danemark, Estonie, Finlande, France, Grèce, Allemagne, Hongrie, Irlande, Italie, Lettonie, Macédoine, Malte, Pays-Bas, Norvège, Portugal, Roumanie, Russie, Slovaquie, Slovénie, Espagne, Suède, Suisse, Turquie et Royaume-Uni.

Avant-propos

La gestion internationale des ressources humaines (GIRH) peut se définir comme « l'ensemble des politiques et des instruments de GRH visant à contribuer à la performance de l'entreprise dans le contexte de son internationalisation » (Bournois, Defelix et Retour, 2000).

Elle se caractérise par sa complexité et est liée à deux facteurs (Adler, 1983) : le multiculturalisme (avec la présence de plus de deux nationalités dans l'entreprise) et la dispersion géographique (qui est censée rendre difficile le contrôle et l'harmonisation des pratiques).

La GIRH intéresse de plus en plus les spécialistes de la GRH, car elle constitue un champ de recherche à part entière :

- elle dispose tout d'abord de différentes associations académiques notamment à l'étranger (Institute of International HR, International Association of Human resource information Management, International personnel management Association…) ;
- certaines revues scientifiques (International Journal of Human Resource Management, Asia Pacific Journal of Human Resource…) ont décidé de se spécialiser sur cette thématique ;
- enfin, plusieurs cursus universitaires en Master 2 et Licence ont été créés dans ce domaine pour répondre à la demande des entreprises.

Pourtant, il n'existe pas à proprement parler d'ouvrages généraux en langue française centrés sur ce thème. L'objectif de ce livre est donc de combler ce vide, en présentant une introduction à la GIRH en couplant les trois approches associées généralement à ce champ (Dowling et Welch, 2004) :

- La première approche s'intéresse à la façon dont les entreprises multinationales (Dowling & Shuler, 1990) définissent leurs politiques de Gestion des ressources humaines, pour s'adapter à un contexte de forte internationalisation. Il s'agit par conséquent de décrire les principales pratiques RH à l'international ;
- La deuxième approche développe une approche comparative des systèmes de GRH dans différents pays (Boxall, 1995 ; Clark, 1996 ; Brewster, Wood, Brookes & Ommeren, 2006). En particulier, il s'agit de mettre en avant les spécificités du système français en fonction de son histoire culturelle, économique, sociale et sociétale ;
- Enfin, la dernière est centrée sur les conséquences de l'internationalisation en termes de management des équipes interculturelles (Laurent, 1986 ; Adler, 1997 ; Meier, 2008). Les différences de cultures nationales et les problèmes que rencontrent leurs équipes sont analysés. L'accent est mis sur les formations et les dispositifs nécessaires pour améliorer la compréhension entre les différentes nationalités et optimiser les projets collectifs.

Pour répondre à cet objectif, cet ouvrage est structuré en trois parties :

1. le contexte d'internationalisation des entreprises et ses conséquences sur la fonction RH ;
2. les pratiques de gestion internationale des ressources humaines ;
3. les spécificités du système français avec une analyse comparative (présentation des caractéristiques interculturelles des différents pays et processus d'accompagnement à prendre en compte par la fonction RH).

Chapitre 1

L'internationalisation des firmes et ses conséquences sur la fonction ressources humaines

SOMMAIRE

L'internationalisation des entreprises n'est pas un phénomène récent, même s'il s'est incontestablement accéléré ces dernières années. Il suffit pour s'en rendre compte de s'appuyer sur l'estimation de la CNUCED (Conférence des Nations unies sur le commerce et le développement) sur les multinationales. En effet, celles-ci représenteraient aujourd'hui 80 000 entreprises dans le monde avec plus de 800 000 filiales et 80 millions de salariés.

Plusieurs travaux se sont intéressés à ses causes et en particulier ceux de R. Vernon, S. Hymer, C. Kindleberger et J.H. Dunning. Il s'agit d'établir les conditions spécifiques qui rendent l'investissement direct à l'étranger plus avantageux que le recours à une autre forme de développement (exportation ou vente de brevet, par exemple).

Nous allons nous intéresser aux motivations stratégiques de l'internationalisation des firmes et aux types de stratégies et d'organisation à la disposition des entreprises pour se développer à l'étranger (I). Nous conclurons ce premier chapitre sur l'incidence de ces changements sur la structuration et les rôles de la fonction Ressources humaines (II).

Section 1 POURQUOI S'INTERNATIONALISER ?

1 Les motivations stratégiques de l'internationalisation

En nous appuyant sur une étude réalisée auprès de cent quatre-vingts P.-D.G. de grandes entreprises entre 1995 et 2002 (Barabel et Meier, 2002), cinq principales motivations stratégiques peuvent expliquer l'internationalisation des firmes.

1.1 La recherche de nouveaux relais de croissance

La saturation des marchés dans lesquels l'entreprise évolue traditionnellement, la spécialisation de l'entreprise sur certaines activités (nombre d'acheteurs potentiels limité), la présence d'une forte concurrence dans le pays d'origine et la raréfaction des débouchés commerciaux constituent généralement des conditions propices au développement international des entreprises (recherche de nouveaux clients sur les marchés étrangers). L'ambition d'améliorer sa position concurrentielle sur la base de paramètres économiques directs, tels que la taille du marché (volume d'activités) et le développement des ventes (chiffre d'affaires) constitue par conséquent un des moteurs de l'internationalisation des firmes. Il s'agit donc pour l'entreprise de poursuivre son expansion via une diversification géographique de ses activités, afin de maintenir ou d'augmenter ses parts de marché. La motivation visant, pour des raisons de survie ou de renforcement, à accéder à des marchés nouveaux ou plus étendus, est d'autant plus forte que l'entreprise doit généralement faire face à un mouvement inverse avec la présence d'une concurrence internationale sur le marché national.

EXEMPLE – Le cas Casino

L'international représente un puissant relais de croissance pour le Groupe Casino avec une présence dans huit pays et un chiffre d'affaires réalisé à l'international de 23 524 millions d'euros, soit 56 % de son chiffre d'affaires total en 2012 (contre 45 % en 2011)[1].

1.2 La répartition des risques entre les pays

Une stratégie internationale permet de répartir les risques entre les pays, en fonction de l'évolution de la conjoncture économique (croissance, ralentissement, stagnation), des variations monétaires (taux de changes flottants), des catastrophes naturelles (inondation, tremblement de terre, raz de marée, éruption volcanique), de la situation politique (instabilité, crise, conflit, terrorisme) ou du comportement des pouvoirs publics locaux (nationalisation, interférence, attitude vis-à-vis des produits venus d'étranger). Elle contribue également à réduire les risques de dépendance à l'égard d'un pays via une diversification géographique pour l'écoulement des produits ou l'approvisionnement, lorsqu'il existe des risques de change ou de non-transfert ou que les conditions d'offre et de demande dans un pays se dégradent (nombre de concurrents, faible croissance du marché…). Elle donne aussi la possibilité de tirer avantage des déphasages en matière de cycle de vie des produits et secteurs, avec par exemple l'existence d'une compétition moins forte sur les marchés extérieurs (faible intensité concurrentielle)

1. Source : http://www.groupe-casino.fr/fr/Des-positions-fortes-a-l.html

ou le développement de produits parvenus à maturité sur le marché national, mais en phase de croissance dans d'autres pays. L'internationalisation des entreprises est donc un moyen efficace pour permettre aux responsables de mieux répartir leurs risques politiques, économiques et financiers.

Exemple – Le cas du groupe SEB

L'un des axes stratégiques du groupe SEB est le leadership géographique, qui se décline notamment par un développement sélectif dans les pays émergents. Ainsi, le groupe SEB a mis en place une gestion raisonnée des risques inhérents à son activité. Le développement international est à la fois perçu comme un moyen de mieux répartir les risques pays et comme un relais de croissance (En 2013, la consommation des pays émergents et émergés excède de 40 % celle des pays développés). Comme l'indique le graphique ci-dessous, la baisse du marché français (-8,8 %) au premier semestre 2013 est largement compensée par la hausse de la zone Asie Pacifique (+7,4 %) et celles des autres zones.

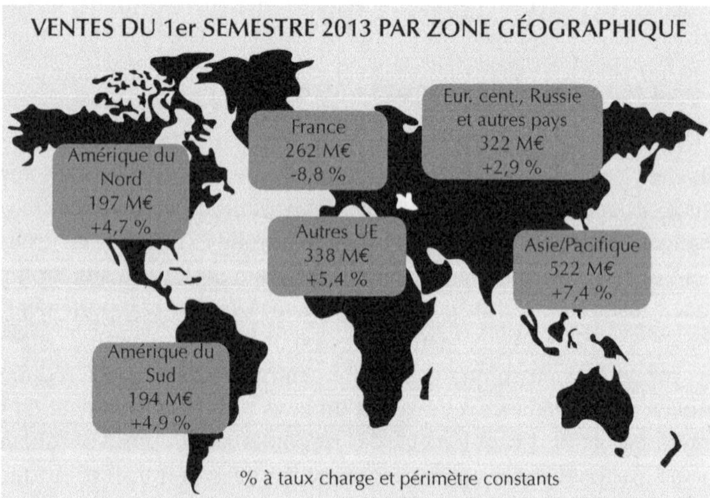

Source : Groupe Seb, « Lettre aux actionnaires », septembre 2013.

Figure 1.1 – Ventes Seb 2013 par zone géographique

1.3 La réponse à la globalisation des marchés

La motivation des firmes à s'internationaliser peut également venir de facteurs extérieurs, lorsque des acheteurs étrangers ou des clients mondiaux ont des demandes pour des produits ou des prestations nécessitant un accompagnement à l'international (relation de suivi et de proximité). C'est par exemple l'option prise par l'entreprise Valéo, équipementier automobile, qui pour rester compétitif s'est fixé comme mission de rechercher en permanence la satisfaction du client, à travers une politique d'accompagnement de ses clients mondiaux. Ceci conduit notamment l'équipementier à inscrire dans sa stratégie de croissance la mission de développer en permanence de nouvelles installations dans un souci de proximité et de réactivité. L'internationalisation peut aussi être liée à la présence de concurrents puissants déjà sur place (situation oligopolistique), pour éviter qu'ils occupent de façon trop marquée le terrain. Elle peut aussi être un moyen de reprendre l'ascendant en misant sur des marchés nouveaux (marchés émergents, activité spécialisée...) où la concurrence est encore peu présente et où il est encore possible d'augmenter de manière significative ses parts de marchés Dans bien des cas, cette stratégie d'internationalisation apparaît donc davantage comme une démarche plus imposée que souhaitée, visant à répondre à la globalisation des marchés.

1.4 Le renforcement de la compétitivité de l'entreprise

L'augmentation des ventes, la recherche de taille critique, le niveau élevé des dépenses en Recherche et Développement, l'exigence d'innovation, la maîtrise des coûts de production sont autant de motivations qui conduisent les entreprises à s'internationaliser. L'internationalisation des activités peut en effet avoir une influence sur la compétitivité, en permettant à la firme d'améliorer sa rentabilité grâce aux délocalisations (recherche d'une main-d'œuvre locale qualifiée à moindre coût) et aux économies d'échelle (production en plus grande quantité) et de développer ses compétences (techniques, commerciales, managériales, organisationnelles) à travers notamment une collaboration plus étroite avec des clients, fournisseurs ou partenaires étrangers, d'accéder à des ressources spécifiques (matières premières, personnel qualifié, infrastructure, sources d'approvisionnement, réseaux relationnels et politiques), d'attirer et de fidéliser les hauts potentiels (motivation et responsabilisation des salariés). L'entreprise internationalisée contribue également à l'adaptation permanente de sa politique commerciale (meilleure connaissance des marchés, sensibilité accrue à la culture des pays, maîtrise des conditions de l'offre) et de son organisation (modernisation des unités de production, adaptation des circuits de distribution, réorganisation de la logistique, systèmes de gestion plus efficaces, réseaux d'innovation mondiaux, création de pôles d'excellence...) en fonction des exigences et contraintes des marchés.

EXEMPLE – Le cas Cap Gemini

> Cap Gemini a décentralisé pour des raisons de coûts une grande partie de ses services hors de France, faisant de l'Inde le cœur névralgique de ses centres « offshore » (54 280 personnes employées).

Focus

La délocalisation : un phénomène irréversible ?

Si depuis les années 1970, la délocalisation se généralise (des pays développés vers les pays en développement), ce phénomène est loin d'être irréversible et peut très bien s'inverser dans les années à venir. C'est déjà en partie le cas aux États-Unis où, du fait notamment de l'augmentation des coûts salariaux et des problématiques de RSE, de plus en plus d'entreprises adeptes de la délocalisation vers l'Asie relocalisent des emplois. Ainsi, BCG évoquent le retour de trois millions d'emplois aux États-Unis à horizon 2020. Ces phénomènes de délocalisation/relocalisation montrent l'arbitrage permanent que doivent opérer les entreprises en vue de maintenir leur employabilité dans un contexte de compétition mondialisée.

Source : « Back to USA », *Liaisons Sociales*, octobre 2012, p. 48-49.

1.5 L'accès à des environnements réglementaires et institutionnels plus favorables

L'accès à des environnements réglementaires et institutionnels plus favorables contribue fortement à renforcer la décision des entreprises d'internationaliser une partie de leurs activités. Cette réalité est d'autant plus prégnante que beaucoup d'entreprises, notamment occidentales, sont situées dans des pays très contraignants en matière de droit du travail et de protection de l'environnement. On peut à titre d'illustration citer comme facteurs favorables à une internationalisation des firmes :

– une politique protectionniste modérée ;
– des incitations financières et fiscales intéressantes ;
– la législation du travail moins contraignante pour les entreprises ;
– l'accès à des réglementations nationales ne limitant pas le développement des activités sur le marché ;
– une sensibilisation moins forte sur les questions d'environnement...

C'est ainsi qu'une entreprise internationale pourra tirer avantage des prix de transfert entre implantations, de manière à localiser le bénéfice là où la taxation est la moins coûteuse (optimisation fiscale) ou adapter sa politique de développement en fonction des subventions proposées dans certains pays. Autant d'éléments qui contribuent au développement des entreprises à l'international et à rendre certains pays particulièrement attractifs sur le plan économique, même si l'écart tend (très) progressivement à diminuer en raison des excès constatés chez de nombreuses multinationales.

Ces différentes motivations rendent le phénomène d'internationalisation incontournable. Pour s'en rendre compte, il suffit de mesurer le poids du CA hors France dans le chiffre d'affaires et les effectifs des entreprises du CAC 40 (Enquête *Les Échos*/Ricol Lasteyrie 2013, *Les Échos*, 12 novembre 2013). Aujourd'hui, 69 % des salariés des groupes du CAC 40 sont basés hors de France dont Danone, Kering, ArcelorMittal et Publicis qui comptent moins de 10 % de leur effectif en France. De même, les entreprises du CAC 40 réalisent en moyenne 70 % de leur chiffre d'affaires à l'étranger. En particulier, L'Oréal, Danone, Pernod-Ricard, Kering, Sanofi, ArcelorMittal, EADS, Schneider Electric, Vallourec, STMicroelectronics ou encore Solvay réalisent plus de 90 % de leurs revenus à l'international.

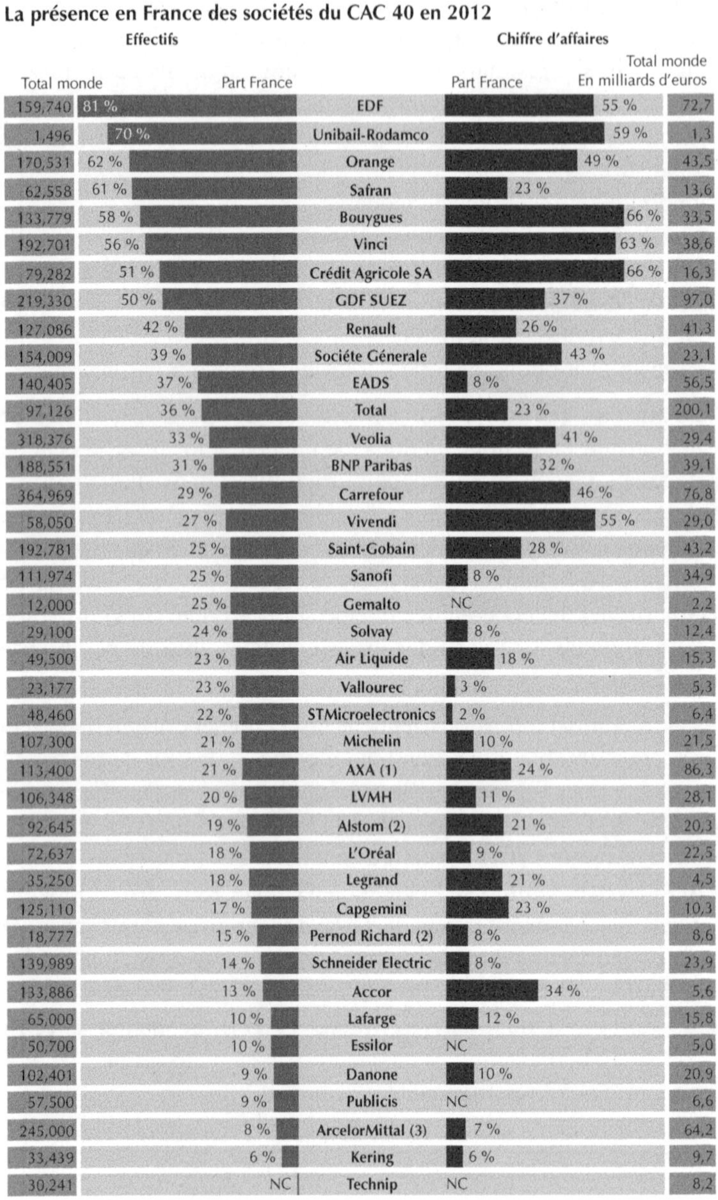

(1) AXA Assurances uniquement pour le chiffre d'affaires, mais toutes activités pour les effectifs (2) Exercice décalé (3) Hors Aperam pour les effectifs

« LES ÉCHOS » / IDÉ / SOURCES: RICOL-LASTEYRIE, SOCIÉTÉS

Figure 1.2 – La présence en France des sociétés du CAC 40 en 2012

2 Les stades d'internationalisation et les types d'entreprises à l'international

En regroupant plusieurs étapes empiriques (Johanson et Wiedersheim, 1975 ; Phatak, 1992 ; Axinn & Matthyssens, 2001), huit stades d'internationalisation peuvent être distingués allant d'une internationalisation inexistante à un niveau d'internationalisation global :

– le stade 0 est lié à l'absence d'activités régulières d'exportation ;
– le stade 1 se caractérise par la présence d'un intermédiaire commercial dans un pays (représentant de la marque) sans investissement direct à l'étranger ;
– le stade 2 se mesure par la présence à l'étranger d'un délégué commercial rémunéré par l'entreprise d'accueil (présence locale d'un agent) ;
– le stade 3 est symbolisé par la présence d'une antenne commerciale (plusieurs vendeurs sont présents dans un pays donné) ;
– le stade 4 est lié à l'installation d'une filiale commerciale (structuration de l'antenne commerciale) ;
– le stade 5 se manifeste par la présence d'une usine d'assemblage à l'étranger (importation du produit en pièces détachées) ;
– le stade 6 se matérialise par la présence d'une filiale de production (réalisation du produit sur place) ;
– le stade 7 voit la création d'une division internationale (on parlera de *multinationale commerciale* lorsque l'entreprise a une présence commerciale dans plusieurs pays, et de *multinationalisation industrielle* lorsque l'entreprise fabrique ses produits dans plusieurs pays) ;
– le stade 8 marque l'avènement d'une entreprise transnationale (présence de plusieurs divisions internationales).

On peut aussi analyser l'internationalisation d'une entreprise en fonction du niveau de chiffre d'affaires (CA) qu'elle réalise à l'exportation :

– si l'entreprise réalise moins de 5 % de son CA à l'étranger, l'activité à l'international est occasionnelle et peu répandue. Elle se manifeste par la distribution sporadique du produit à un client étranger (généralement à la demande de ce dernier) ou par le biais d'un distributeur étranger ;
– quand l'entreprise réalise de 5 à 25 % de son CA à l'étranger, l'international est lié à l'implantation dans quelques pays où l'entreprise exporte régulièrement ;
– lorsque l'entreprise réalise de 25 à 33 % de son CA à l'étranger, le courant d'affaires à l'international est régulier. L'entreprise possède des divisions à l'étranger ;

– avec entre 33 et 60 % de son CA à l'étranger, l'entreprise peut être considérée comme une multinationale (présence dans plusieurs pays, stratégie internationale...) ;
– quand l'entreprise réalise plus de 60 % de son CA à l'étranger, la société peut être qualifiée de « mondiale » : sa stratégie et sa structure dépassent les frontières.

En fonction du degré d'internationalisation observé, quatre types d'entreprises peuvent être distingués : les entreprises internationales, les entreprises multinationales, les firmes transnationales et les entreprises globales.

Nous allons présenter leurs spécificités respectives.

2.1 Les entreprises internationales

Le premier stade de développement à l'international correspond principalement aux politiques d'exportation (exportation des produits, exportation par l'intermédiaire d'un agent notamment). Ce type de politique s'inscrit dans une phase d'approche prudente et progressive, au cours de laquelle l'entreprise limite son engagement à l'international sur quelques pays cibles avec des modes de présence peu impliquant sur le plan financier et organisationnel. Il permet à la firme de conjuguer une politique d'investissement modéré avec un contrôle étroit des activités. Au niveau commercial, l'entreprise va généralement s'appuyer sur sa seule force de vente (équipe commerciale) ou aura recours à l'expédition directe, ce qui lui permet de conserver le contrôle de l'activité. En termes de risques, elle est donc essentiellement amenée à se concentrer sur les litiges contractuels qui peuvent émerger de sa relation avec ses clients locaux (interruption de contrat, non-paiement, nature des responsabilités) et sur les contraintes spécifiques du contexte local, en centrant son analyse :
– sur *le risque-pays* : instabilité politique, incertitude économique, barrières culturelles et administratives, contraintes réglementaires...
– sur *les perspectives de développement* : potentialités du marché, qualité du tissu socio-économique, conditions d'accès au marché, fiabilité des institutions politiques et juridiques, intensité de la concurrence locale.

L'entreprise internationale permet aussi par ses choix de développement d'assurer une certaine maîtrise en matière de coûts. En effet, les risques financiers sont limités à l'augmentation du coût des inputs en période d'offre ou de réalisation, ainsi qu'aux risques de change et de non-paiement total ou partiel de la prestation. Au niveau organisationnel, les risques sont également réduits, dans la mesure où l'entreprise internationale fabrique ses produits sur le marché intérieur. Il n'y a donc pas de modification du processus de production, la réalisation des engagements contractuels (techniques, logistiques, calendaires...) étant assurée par les structures du pays d'origine. Les risques organisationnels (incident, dysfonctionnement, non-maîtrise des coûts) en matière de R&D, process industriel et capacité de production sont par conséquent imputables à l'entreprise qui est en situation de mieux anticiper et gérer ses risques.

Enfin, pour limiter le niveau d'engagement, l'entreprise internationale tend généralement à opter pour un développement limité, centré sur un faible nombre de marchés peu différenciés (peu de différences avec le marché d'origine), afin d'éviter une trop grande adaptation de ses produits aux spécificités locales.

Encadré 1.1 – Comment démarrer un processus d'internationalisation en limitant ses risques ?

Prenons le cas d'une démarche de création d'un bureau de représentation régional en Malaisie.

Premier réflexe : où se renseigner ?

- Auprès de la Section consulaire de l'Ambassade de France en Malaisie
- Auprès de la Chambre de commerce et d'industrie franco-malaisienne
- Auprès d'Ubifrance pour le développement à l'export
- Sur le site du ministère des Affaires étrangères

Assistance pour la mise en place d'un bureau de représentation régionale

- But : phase de prospection commerciale dans le pays.
- Avantage : ce bureau ne nécessite pas de directeur, de capital et d'audit des comptes annuels. Il faudra seulement faire une déclaration mensuelle et annuelle des salaires versés aux salariés.
- Inconvénient : ce bureau ne permet pas de facturer des ventes (prestations, produits, ...). C'est un centre de coûts.
- Salarié : permet à un ou plusieurs expatriés de s'y implanter légalement puisque ce bureau est considéré comme une extension de votre société en France.

☞

☞

- Circuit d'approbation : ce bureau devra être approuvé par le MIDA (*Malaysian Investment Development Authority*). C'est une agence pour la promotion des Investissements dépendant du Ministère du Commerce international.
- Durée moyenne de création : 2 mois environ pour la création du bureau et la validation des permis de travail.
- Durée minimale d'existence du bureau : 3 ans. C'est la durée minimale pour installer une équipe commerciale et éventuellement technique afin de contribuer au développement de cette zone Asie pour votre entreprise.

Les différentes étapes pouvant être effectuées par votre partenaire local

- Préparation, soumission et obtention du statut de Bureau régional auprès des autorités malaisiennes
- Obtention de permis de travail pour chaque expatrié
- Enregistrement du Bureau régional auprès des services des impôts et charges sociales
- Représentation de votre société auprès des organismes et autorités locaux (banque, etc.)
- Enregistrement du salarié auprès des services des impôts et charges sociales
- Établissement des paies de vos expatriés
- Préparation et déclaration des impôts de votre bureau et de vos expatriés chaque année

Pour aller plus loin

Si cette première étape porte ses fruits, elle pourra alors se concrétiser ensuite par la mise en place de :

- Une filiale (émanation de la société-mère enregistrée auprès du registre du commerce malaisien (SSM) et pouvant exercer des activités commerciales sans participation locale.
- Une société locale enregistrée localement avec au moins deux directeurs résidents et un actionnariat à définir (100 % étranger possible mais aussi participation locale en fonction d'éventuel partenariat ou joint-venture).

Dans les deux cas, l'inscription, qui peut être réalisée entre 2 et 4 semaines, se fera *via* le registre du commerce malaisien et donnera lieu au paiement de taxes liées au montant du capital. La société sera par ailleurs soumise aux obligations des sociétés (clôture fiscale annuelle, AG, etc.).

Le type de développement correspond au premier stade d'internationalisation des firmes et a rarement un caractère définitif. Cette phase de développement vise avant tout à permettre aux entreprises disposant de ressources limitées de pénétrer certains marchés, avec des méthodes prudentes et à faibles coûts. Mais l'absence d'ancrage local et la connaissance réduite des marchés rendent difficile la persistance de ce mode de présence. Ils conduisent le plus souvent l'entreprise à faire le choix de renoncer à sa présence dans le pays cible faute de résultats, ou au contraire à la renforcer à travers une implication locale plus forte (production et implantation sur place, partenariats avec des acteurs locaux).

2.2 Les firmes multinationales

L'entreprise multinationale entend développer des stratégies multidomestiques, en s'attachant à organiser et contrôler des activités de production et de commerce à l'étranger par des filiales fondamentalement ancrées dans les systèmes économiques et politiques nationaux. Elle s'appuie donc sur une organisation qui produit et vend dans différents pays, sans qu'il existe pour autant de véritables liens économiques, industriels et commerciaux entre les filiales de chacun des pays. On peut par conséquent définir la firme multinationale comme une entreprise qui va produire sur plusieurs marchés nationaux des produits (et services) qui seront adaptés à ces marchés étrangers. Les conditions favorables à une multinationalisation des activités sont :

- l'étroitesse ou la saturation du marché domestique ;
- le profil multiculturel de la clientèle ;
- la variété et la diversité des attentes au niveau local ;
- l'importance des politiques nationales dans certaines zones géographiques (forte influence des pouvoirs publics) ;
- l'existence de nombreux facteurs de fragmentation des marchés (barrières politiques, administratives, culturelles) ;
- la recherche par le consommateur de produits spécifiques, originaux issus de la culture propre de chaque pays ou groupe de pays ;
- le potentiel élevé de croissance de certains marchés locaux ;
- l'absence réelle d'avantages de taille ou d'expérience ;
- l'existence de différences dans l'infrastructure logistique entre les pays ainsi que dans les circuits de distribution ;
- les coûts élevés de transport et de communication.

L'entreprise multinationale applique donc des stratégies distinctes pour chacun des marchés visés, chaque filiale étrangère disposant d'une réelle autonomie de décision (production, distribution, activités de recherche & développement, adaptation des produits au marché local...). La direction du Groupe ne coordonne que le contrôle financier et le marketing international et peut centraliser une partie de la Recherche & Développement et de la production. La recherche de meilleures conditions d'offre (minimisation des coûts, sécurité des approvisionnements, accès à la technologie) constitue l'argument le plus souvent avancé pour expliquer la multinationalisation des entreprises. Parmi ces conditions, la concurrence par les prix et les salaires en vue de diminuer les coûts de production est généralement considérée comme le facteur le plus important dans la décision d'une entreprise de délocaliser sa production. Plutôt que de se contenter d'exporter, celle-ci peut ainsi profiter des coûts de production considérablement plus bas dans certains pays, notamment en raison des différences salariales (rémunérations), sociales (régimes de protection sociale) et fiscales et de la réduction des coûts de transaction internationale (transport, stockage, rémunération des intermédiaires, droits de douane). Les stratégies multinationales des entreprises permettent aussi de tirer parti des caractéristiques des marchés nationaux, en vendant sur place des produits de la filiale locale. La gestion des opérations à l'étranger va ainsi dans le sens de l'exploitation des opportunités locales, en fonction des caractéristiques des marchés nationaux : le comportement des autorités locales, les contraintes légales (normes techniques ou sanitaires), les particularités de la demande (attentes et besoins, comportements, pouvoir d'achat) peuvent en effet être mieux appréciées et satisfaites par des sociétés déjà implantées sur le territoire national. La multinationalisation permet ainsi de renforcer la capacité de chacune des filiales à anticiper les évolutions de son marché et à y apporter les réponses stratégiques appropriées. Sur un plan plus global, elle rend possible la diffusion des meilleures pratiques d'un marché à l'autre, notamment au niveau de la qualité des services rendus aux clients, et permet d'augmenter la mobilité internationale des équipes (perspectives de carrière accrues, mutualisation des compétences).

Une entreprise peut enfin décider de se multinationaliser, afin d'acquérir une meilleure position concurrentielle. Sur les marchés oligopolistiques en particulier, l'implantation d'une firme leader sur les marchés étrangers provoquera une réaction des firmes suiveuses qui imiteront la première afin de ne pas se laisser distancer. De même, les premières fusions modifiant la structure même du marché peuvent entraîner des fusions en chaîne par les concurrents qui souhaitent conserver leur position initiale (Mucchielli, 1998, p. 150). La multinationalisation peut par conséquent être un moyen souhaité ou imposé pour renforcer ses positions sur le territoire national et international face à la pression des concurrents.

2.3 Les firmes transnationales

L'entreprise transnationale est une organisation qui perd peu à peu son identité nationale au profit d'une mixité entre les cultures. Elle constitue une étape avancée dans le processus d'internationalisation des firmes, en cherchant à concilier les forces de l'intégration globale avec les exigences d'adaptation à certains marchés ou pays. Ce type de configuration a donc pour objectif de bénéficier des avantages de coûts liés à la coordination générale des activités, tout en veillant à conserver une réactivité et une flexibilité lorsque des avantages spécifiques peuvent être identifiés et exploités au plan local. Dans la réalité, l'entreprise transnationale est au service d'une stratégie quasi globale, dans la mesure où les firmes sont souvent contraintes à mener une politique à l'échelle mondiale pour développer un avantage concurrentiel durable et défendable. Les facteurs clés de succès sont fondés sur la capacité de l'entreprise à maintenir les exigences d'intégration et de différenciation, en transformant ces contradictions en réalité opérationnelle. Ceci implique de la part des entreprises transnationales d'identifier les zones possibles d'harmonisation (au niveau des marchés et de l'organisation) et les domaines où au contraire les dimensions culturelle et relationnelle demeurent essentielles.

2.4 Les entreprises globales

Lorsque la croissance de l'entreprise aboutit à rationaliser les structures nationales et les ressources des filiales étrangères au profit d'une meilleure coordination des activités, on assiste alors au développement progressif d'entreprises mondiales. En effet, aujourd'hui, l'influence de la mondialisation et la tendance aux regroupements régionaux des États (UE, Alena, Mercosur, etc.), des entreprises (grands groupes, centrales d'achats, etc.) et des associations (syndicats, consommateurs, mouvements écologiques, etc.) conduisent les études à porter leur attention sur le stade ultime du développement international, avec les stratégies de globalisation.

Les entreprises dites mondiales se définissent comme des entreprises ciblant un marché par nature mondiale, caractérisées par une intégration des fonctions au plan mondial (gestion, contrôle, finance, recherche & développement, production et vente) et une répartition et sélection des localisations les plus profitables par rapport aux avantages comparés, aux facteurs d'attractivité et risques économiques et politiques que présentent les divers pays d'accueil envisagés (Andreff, 1999, p. 403). L'entreprise mondiale est donc définie au niveau central et tend à unifier la politique commerciale sur l'ensemble des marchés via une coordination étroite des activités. Elle vise également à optimiser l'organisation internationale de la production sur l'ensemble des territoires. En effet, dans ce type de configuration, chaque filiale se spécialise dans un maillon de la chaîne d'activité et l'intégration s'opère tout au long du processus productif, de la gestion des matières premières au traitement de l'information, jusqu'à la valorisation des actifs spécifiques (brevets, composants, compétences clés). Les différentes filiales sont donc fortement dépendantes du siège central et chargées de la fabrication de tel produit ou/et de tel élément, permettant d'organiser les échanges de produits finis ou semi-finis entre entités (filiales et usines), en favorisant les relations intragroupes. On peut ainsi définir la firme mondiale comme étant une entreprise qui cherche à unifier au niveau mondial un produit et qui va confier à chaque filiale la fabrication d'un composant particulier du produit fini.

Les entreprises qui mettent en œuvre une stratégie globale organisent donc les opérations tout au long de la chaîne d'activités, en vue de maximiser leur rentabilité. Ceci implique notamment de répartir à bon escient les ventes et opérations finales et de coordonner les achats et activités dans le monde entier. Dans ces conditions, les interactions entre l'entreprise et son territoire d'origine tendent à disparaître, avec l'apparition d'autres logiques plus complexes, où la recherche d'un avantage concurrentiel global conduit à dépasser la notion d'espace national (Gouëset, 1999 ; Michalet, 1999). À l'appui des travaux d'Anthony McGrew (1997), les lignes directrices des entreprises mondiales peuvent ainsi se résumer de la manière suivante :

- *Interdépendance* : par l'effet de l'échange et de la diffusion de l'information, les activités sociales, politiques et économiques des entreprises transcendent les frontières nationales, de telle sorte que les événements, décisions et activités situés à n'importe quel endroit dans le monde peuvent affecter les individus et les communautés en tout point du globe.

- *Effacement des frontières internes et externes de l'entreprise* : la frontière entre ce qui est local et ce qui est global devient de plus en plus floue. Il est par conséquent plus difficile de distinguer ce qui est « interne » de ce qui est « externe » à l'entreprise.
- *Problèmes d'appartenance à une nation* : l'interdépendance croissante génère de plus en plus de problèmes transnationaux mettant en question l'appartenance nationale des entreprises.
- *Complexité systémique au niveau du fonctionnement des organisations* : l'augmentation du nombre d'acteurs et de leurs liens entraîne une intensification et une complexification du système mondial et génère une contrainte systémique sur leurs activités et leur autonomie.

Cette stratégie suppose par conséquent une gestion centralisée avec une très forte coordination des activités et un développement d'échanges permanents et importants d'informations. La mise en place d'un réseau mondial de communication interne au groupe est donc souvent l'outil indispensable d'une stratégie globale. Une telle orientation, pour se réaliser, suppose aussi un certain nombre de conditions favorables, à savoir : une homogénéisation des marchés, un profil transnational ou mondial de la clientèle, une sensibilité au prix, la recherche par le consommateur de produits standard ou de base reconnus mondialement et vendus de façon uniforme sur l'ensemble des marchés, un potentiel élevé d'économies d'échelle ou de champs au niveau mondial et une faiblesse des coûts de transport et de communication.

Dans un contexte de mondialisation des activités, nombreuses sont les entreprises qui essayent d'intégrer dans leur réflexion une vision globale et une adaptation locale en ayant recours à une politique de différenciation minimale sur certains marchés. En effet, dans encore beaucoup de secteurs, le positionnement « prix bas » n'est pas toujours suffisant et certains marchés se montrent moins sensibles que d'autres au facteur prix et demandent une politique produit plus élaborée. Dans ce cas, la différenciation est adoptée pour renforcer le marketing et la commercialisation des produits (ou services) à l'échelle locale. Elle vise également à faire face à l'existence de réglementations et de normes spécifiques pour les offres développées. Enfin, le code du travail tout autant que l'attachement à certaines pratiques culturelles peuvent parfois imposer des adaptations plus ou moins étendues, au niveau du mix marketing.

L'arbitrage est par conséquent de savoir si l'évolution va vers une convergence totale des pratiques et des besoins, ou au contraire marque le réveil des identités nationales et régionales. Beaucoup d'entreprises ont opté pour une approche intermédiaire. Cette dernière vise à admettre un facteur de convergence qui implique une coordination générale des activités (*intégration*), sans pour autant refuser l'existence d'activités spécifiques (*différenciation*), où l'environnement concurrentiel demande des programmes d'actions localisées et souples, compte tenu des difficultés de transport, du comportement des populations, des impératifs d'adaptation et de l'importance des autorités locales dans la conduite des affaires. Cette forme de stratégie intermédiaire (désignée parfois sous le nom de transnationale) suppose dès lors de concentrer les activités amont de la chaîne de valeur (comme par exemple la R&D) tout en favorisant une gestion de portefeuille globale qui tienne compte des règles de segmentation régionale (groupe de pays) ou/et comportementale (attentes ou contraintes spécifiques). Elle repose par conséquent sur une organisation complexe mais flexible, fonctionnant en réseau, fondée sur une localisation optimale de chacun des éléments de la chaîne de valeur qui n'hésite pas en cas de nécessité d'adapter certains modes opératoires à la réalité locale et de proposer des offres différenciées le plus en aval possible.

En considérant les forces d'intégration globale et de différenciation locale, il est possible de dégager une certaine dynamique de ces formes organisationnelles (*cf.* figure 1.3) :

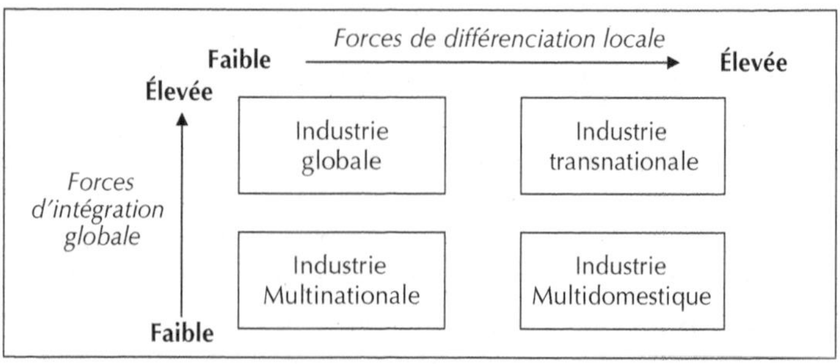

D'après M. Porter, 1986.

Figure 1.3 – Les formes d'organisation et les forces d'intégration et de différenciation

3 La gestion des relations société mère/filiales

Le développement international des entreprises peut, en fonction des objectifs fixés et des capacités de l'organisation, conduire à la formation de différentes configurations en matière d'architecture organisationnelle, de systèmes de fonctionnement et de relations entre le siège et les filiales.

3.1 La question de l'autonomie ou du contrôle des filiales

La nature des responsabilités et les contributions du centre et des unités locales, au niveau du contenu des décisions et des processus de réalisation, sont souvent au cœur de décisions d'arbitrage que la direction d'une grande entreprise engagée à l'international se doit de prendre. Il s'agit notamment, en fonction des objectifs de l'entreprise, des caractéristiques des marchés locaux et des ressources (moyens et compétences) des entités locales d'élaborer le mode d'organisation le mieux approprié entre le besoin d'interdépendance stratégique et l'octroi d'autonomie accordée aux unités locales.

Cette question est fondamentale lorsque l'entreprise internationalisée doit faire face à une dispersion géographique de ses actifs et ressources stratégiques qui l'oblige à recourir à un management intégré dans un souci de cohérence et d'efficience. Mais bien que vital, ce management doit souvent être compensé par l'existence de barrières commerciales, politiques et institutionnelles au sein des pays visés, essentielles à prendre en compte dans le développement de l'entreprise. C'est pourquoi dans ce domaine, pour assurer efficacement le management des activités, l'entreprise se doit d'éviter deux principaux écueils :

- éviter que le centre exerce un contrôle excessif sur le management des activités locales notamment en aval de la chaîne, pour préserver les chances de création de valeur au sein de la firme (meilleure adéquation entre l'offre et la demande) ;
- éviter d'accorder une autonomie trop grande aux filiales étrangères et à leurs activités, aux risques de conduire la direction de la firme multinationale dans un sens contraire à ses intérêts stratégiques (optimisation de la chaîne de valeur).

Comme le montrent Bartlett et Ghoshal (1989), les unités à l'étranger peuvent exercer des rôles très différents et dans certains cas contrastés, ouvrant la voie à des contributions distinctes, allant du leadership stratégique à des situations d'impasse nécessitant une réorganisation de l'activité concernée (*cf.* tableau 1.1).

L'importance relative de certaines unités locales au sein d'un groupe multinational est donc souvent un moyen pour apprécier les marchés prioritaires et la nature des compétences (et connaissances) locales sur lesquels l'entreprise entend s'appuyer pour se développer.

Au-delà des situations locales qui peuvent être extrêmement différentes, la question du contrôle des filiales à l'étranger des entreprises internationales est devenue centrale. On peut définir le contrôle comme « un processus par lequel une entité influence, à des degrés variables, le comportement et les résultats d'une autre entité par l'utilisation d'un pouvoir ou d'une autorité et à travers des mécanismes informels, culturels et bureaucratiques » (Geringer et Hebert, 1989).

Tableau 1.1 – Les différents rôles possibles des unités locales

	Niveau de compétences locales limité	Niveau de compétences locales importantes
Marché local de faible importance	Acteur périphérique, en voie de marginalisation Situation d'impasse nécessitant généralement une réorganisation au niveau de l'activité, avec une allocation différente des ressources.	Acteur leader Rôle moteur dans le développement de l'entreprise, avec une forte implication dans l'élaboration de certaines orientations stratégiques
Marché local à fort potentiel	Acteur relais Rôle essentiellement de gestionnaire au niveau local, visant à conserver les parts de marché et à générer des ressources par une politique locale efficiente.	Acteur contributeur Rôle essentiel dans le développement, avec une participation active à l'optimisation globale de la chaîne de valeur de la firme.

D'après Bartlett et Ghoshal, 1989.

En nous appuyant sur les travaux de Harzing (1999), on peut classer les mécanismes de contrôle dans une matrice à deux dimensions (cf. tableau 1.2) :

- le contrôle est-il de nature explicite (directe) ou implicite (indirecte) ;
- le contrôle est-il fondé sur des interactions sociales et culturelles (contrôle personnel), ou sur des instruments et outils (contrôle impersonnel).

Tableau 1.2 – Les différents mécanismes du contrôle

	Personnel/Culturel	Impersonnel/Technocratique
Direct	Centralisation/Supervision directe/ Contrôle par l'expatriation	Standardisation/Formalisation
Indirect	Socialisation/Communication informelle, Formation	Contrôle par les résultats/Planification

D'après Harzing, 2001.

Grillat (2006), à partir d'entretiens menés auprès de dirigeants de quatorze entreprises multinationales européennes a montré que la question du contrôle dans les pays émergents était particulièrement stratégique (degré de contrôle beaucoup plus élevé) et répondait à différentes problématiques :

– « la gestion des risques politiques, financiers et juridiques importants et notamment de corruption nécessite une présence et un contrôle élevé de la part du parent ;
– le degré de développement et la qualité des systèmes éducatifs et de formation influencent le niveau des compétences locales et appellent un transfert de savoir-faire par une logique de mobilité internationale ;
– le fait que les pays émergents soient souvent « des implantations récentes » dans les stratégies de développement international des firmes, nécessite un transfert culturel qui passe par une démarche de socialisation et par la mise en place de procédures groupe et de systèmes de contrôle par les résultats ;
– enfin, le niveau d'intégration de l'économie de marché des pays ou plus généralement la distance culturelle justifient des politiques de gestion ethnocentriques sur certaines zones géographiques. »

3.2 Le rôle des filiales dans les firmes multinationales

Les filiales-relais

Les firmes multinationales de type horizontal apparaissent lorsque les avantages à s'implanter à proximité des consommateurs sont relativement plus élevés que ceux liés à la concentration des activités. La firme multidomestique développe des implantations dans plusieurs pays pour satisfaire les demandes locales (création de « filiales relais » dans le cadre d'une stratégie de marché). Dans ce type de configuration, les filiales à l'étranger desservent principalement le marché national, en remplacement ou en complément aux exportations et aux cessions de licences, par de simples unités d'assemblage ou par des unités productives plus intégrées. Il s'agit par conséquent de « filiales-relais » (Michalet, 1985), véritables répliques en miniature de la société mère, dont l'objet principal est, par l'implantation sur place, de pénétrer un marché local et de contourner ainsi les multiples obstacles à l'exportation directe (Vaughan, 1995). La motivation principale de cette stratégie est donc le développement sur plusieurs pays de filiales-relais non spécialisées, adaptées à chacun de ces marchés. Les filiales-relais produisent les mêmes produits que ceux de la société mère auxquels ils se substituent et importent des intrants de leur territoire d'origine. Cette stratégie correspond à ce que M. Porter désigne par stratégie « multipays » (*multidomestic*), donc au sens propre *multinationale*. Ici encore, les entreprises multinationales sont assez dépendantes de leur territoire d'implantation à l'étranger. Elles dépendent notamment de la demande économique existant sur les marchés desservis par les filiales-relais et des interventions des États des pays d'accueil en ce qui concerne les flux de commerce extérieur (droits de douane sur les intrants importés par les filiales) et intérieur (politique des prix et des revenus) ou la régulation de l'économie (fiscalité locale par exemple). En règle générale, les filiales entretiennent des relations entre elles limitées (peu d'interactions) et sont souvent coordonnées par une division internationale.

Les filiales ateliers

On parle de multinationales de type vertical lorsque les firmes s'intègrent dans une perspective de division internationale des processus de production, les différentes unités de l'entreprise globale étant interconnectées les unes aux autres. Chaque filiale devient un maillon d'une chaîne élargie à l'échelle de la planète. Les filiales ne sont plus autonomes comme cela est le cas dans la stratégie multidomestique, mais intégrées et fortement dépendantes de la société mère. Cette division des tâches sur une base mondiale renforce la centralisation de la FMN au profit de la maison mère qui a pour tâche de coordonner l'ensemble des activités. Cette structure permet de bénéficier des économies d'échelle qui découlent de la plus grande spécialisation du travail des filiales, mais également de localiser chaque filiale dans un pays où les conditions de production sont favorables. La recherche des effets de la spécialisation associés à des dotations factorielles plus avantageuses d'un pays à l'autre (recherche d'avantages comparatifs) justifie l'adoption d'une telle organisation. Dans ce type de configuration, une division du travail intragroupe est donc mise en place à l'intérieur d'une ou de plusieurs zones géographiques (macro-régions), par l'intégration des activités et la spécialisation des filiales.

Encadré 1.2 – Les relations mère/filiale

Les auteurs étudient le lien entre mécanismes de contrôle et apprentissage dans des filiales de groupe français en Indonésie. Ils utilisent une grille d'analyse qui met en évidence quatre modèles de production de connaissances (modèles médiatique, initiatique, évangéliste et épidémique). D'après Villarmois et *al.* (2005) : « La grille d'analyse représente un outil de diagnostic qui permet d'identifier les faiblesses d'un système de contrôle ou des leviers d'action complémentaires, de mieux comprendre la configuration générale des relations maison mère/filiale, et la cohérence générale des mécanismes adaptatifs. »

À partir de l'étude de six cas d'entreprises (Sanofi, BNP Paribas, Danone, Air Liquide, L'Oréal et Total), les auteurs montrent que les entreprises mobilisent différents mécanismes de contrôle avec des impacts différents sur la production de connaissances.

Les observations réalisées font apparaître trois facteurs récurrents :

- la présence d'expatriés français (premier levier de contrôle) ;
- l'existence d'un échelon intermédiaire entre la maison mère et la filiale indonésienne (assuré par le responsable pays) ;
- le dévoiement de l'entreprise conjointe (alors qu'il est perçu comme un moyen de limiter le risque pays en s'associant à un partenaire local, dans cinq cas sur six, la coopération entre les partenaires n'est en réalité qu'une contrainte administrative : obligatoire pour avoir l'accord des pouvoirs publics).

☞

Tableau 1.3 – Synthèse des mécanismes de contrôle observés

		Mobilisation des connaissances	
		Globale	**Locale**
Production de connaissances par le système de contrôle	**Globale**	Le modèle médiatique Utilisation des ERP pour contrôler et diffuser l'information Sanofi : R&D fortement centralisée BNP Paribas : plateformes logistiques et senior bankers Danone : normes en matière de communication et de qualité Air Liquide : système de reporting L'Oréal : centralisation de la R&D et de la politique de communication Total : ERP, culture forte et expatriés	Le modèle initiatique Diffusion d'études réalisées par le siège et appropriation locale Sanofi : non identifié BNP Paribas : non identifié Danone : tasks forces, programmes de formation et forte culture d'entreprise Air Liquide : support des experts mondiaux, culture d'entreprise L'Oréal : non identifié Total : non identifié
	Locale	Le modèle Évangéliste Identification et appropriation des bonnes pratiques Sanofi : non identifié BNP Paribas : non identifié Danone : non identifié Air Liquide : non identifié L'Oréal : suggestions faites au cours du développement de nouveaux produits Total : rôle clé des rapatriés	Le modèle épidémique Benchmark entre les filiales et diffusion plus ou moins large Sanofi : transposition des méthodes commerciales au Vietnam BNP Paribas : rôle du dirigeant Danone : rôle du dirigeant et tasks forces Air Liquide : rôle clé du dirigeant L'Oréal : non identifié Total : transferts d'ingénieurs locaux vers d'autres champs de la région

D'après O. de La Villarmois et al., 2005.

Section 2 INCIDENCES DE L'INTERNATIONALISATION SUR LA FONCTION RESSOURCES HUMAINES

La fonction ressources humaines s'est transformée progressivement du fait de l'internationalisation des firmes. Après avoir présenté un historique de son évolution (1), nous nous intéressons aux rôles de la fonction (2) et à sa structuration (3). Puis, pour conclure cette partie, nous présentons les parties prenantes d'une fonction RH à l'international.

1 Les trois phases d'internationalisation des pratiques RH dans les grandes entreprises françaises[1]

On distingue généralement trois phases d'internationalisation de la fonction RH :

- Jusqu'à la fin des années 1970, le faible nombre de salariés expatriés et un développement international limité induisent l'absence d'un service RH spécialisé sur les questions de GIRH. Parallèlement, la fonction RH évolue dans un environnement relativement stable (jusqu'au choc pétrolier de 1974) et est centrée sur des activités d'administration du personnel (fonction technique).
- À partir des années 1980, la fonction Ressources humaines s'organise pour faire face à l'augmentation de ses effectifs à l'international. Des DRH de zones géographiques sont nommés au sein des groupes multinationaux. De plus, les pratiques d'expatriation se structurent. On assiste à une rationalisation des coûts avec la mise en place de processus standardisés (chartes écrites, normes à respecter). La fonction doit faire face aux nouveaux défis de la mondialisation et se positionne progressivement sur un rôle de « partenaire stratégique » mobilisé sur plusieurs problématiques (Brewster, Sparrow et Vernon, 2007) :

1. Au regard de leur taille et de leurs spécificités, les PME-PMI disposent rarement d'un service RH intégré (rôles RH pris en charge par le directeur administratif et financier) et sont peu confrontées aux problématiques de GIRH.

- De quels types de managers aurons-nous besoin pour réussir à l'international ? Comment les trouver et/ou les développer ?
- Comment analyser et tenir compte de la façon dont la GRH est pratiquée dans les autres pays où l'entreprise est implantée (lois, marchés du travail, partenaires sociaux...) ?
- Quel va être l'impact des normes locales culturelles sur nos méthodes de travail ? Ces dernières sont-elles exportables dans tous les pays ?
- Comment allons-nous gérer les expatriés ?
- Comment allons-nous gérer les informations dans un contexte de forte distance hiérarchique et culturelle ?

• À partir des années 1990, on assiste à une explosion des opérations de fusions acquisitions, alliances et partenariats internationaux qui induisent une augmentation forte des collaborateurs travaillant pour ou à l'international. Des équipes multiculturelles voient le jour, regroupant différentes nationalités fédérées autour d'un projet commun. L'informatisation du service RH (mise en place de système d'informations RH : SIRH) accompagne et facilite cette expansion géographique (outils de communication, de recueil de données et de contrôle).

À ce stade, la fonction RH se transforme :

- la fonction de gestionnaire de la mobilité internationale est créée pour s'occuper des flux croissants de salariés envoyés à l'étranger ;
- un service de Gestion internationale des ressources humaines est instauré dans la plupart des multinationales ;
- des postes d' experts apparaissent (chargé d'études en rémunération, contrôleur de gestion sociale...) pour étudier les pratiques locales et les harmoniser au niveau global ;
- les entreprises se trouvent dans l'obligation de mettre en place une stratégie mondiale de GRH et notamment de décider des politiques RH qui seront standardisées au niveau mondial et celles laissées à l'appréciation des GRH régionales (Europe, Asie, Amérique...) et locales (pays) ;
- les entreprises se dotent de nouveaux outils de surveillance (budgets préétablis, recours à des cabinets spécialisés et des fournisseurs d'indicateurs mondiaux...) afin d'établir avec précision les primes d'expatriation, en tenant compte des inconvénients immatériels (éloignement, qualité de vie...).

Ces nouvelles missions induisent une *restructuration de la fonction RH* qui se matérialise par un accroissement de ses effectifs et la création d'une nouvelle organisation (*structure matricielle*) comprenant une DRH Monde (gestion des carrières des cadres dirigeants, des hauts potentiels et des expatriés), une DRH Europe (gestion des formations, des recrutements et du juridique) et une DRH par site (administration du personnel, paie, gestion des carrières). Chaque collaborateur a donc à sa disposition trois interlocuteurs RH selon la nature de ses questions et problèmes.

De plus, la fonction RH s'est aussi *professionnalisée*. Cela passe par la *création de postes de spécialistes,* comme par exemple ceux de responsable « Compensation & benefits » (maîtrise de la masse salariale, gestion des rémunérations variables), de contrôleurs de gestion sociale (analyse des données RH), de gestionnaires de carrière (suivre les trajectoires des cadres) ou de responsable de marketing RH (développer la marque employeur).

Ces changements ont aussi induit le *renouvellement des outils RH* à disposition pour piloter les collaborateurs : remise à plat des entretiens d'évaluation en intégrant une logique compétence, instauration d'un comité de carrière, acquisition du logiciel R-Flex pour gérer les recrutements et du progiciel HR Access.

Il est possible de résumer les trois phases qu'a connues la GIRH dans les grandes entreprises françaises à partir du tableau 1.4.

Tableau 1.4 – Les trois phases d'évolution d'une GIRH

Période	Évolution de la GIRH
Jusqu'en 1970	Pas de service de GIRH structuré au sein des entreprises, gestion des expatriés au cas par cas avec des pratiques non rationalisées.
Années 1980	Prise en compte de la dimension internationale au sein des RH : DRH zones. Rationalisation des pratiques d'expatriation (mise en place de procédure standard).
Depuis 1990	Définition d'une stratégie mondiale de GRH (la fonction RH comme facilitateur du changement). Création de services dédiés à la GIRH et de postes d'experts (gestion de mobilité internationale, chargé d'études en rémunération, contrôleur de gestion sociale...). Rationalisation et transparence des packages d'expatriés avec des outils d'aide à la décision.

Encadré 1.3 – Incidence supposée par les DRH de l'internationalisation des entreprises sur la fonction RH

À partir d'une enquête menée auprès de 523 interviewés (acteurs RH et experts), A. Scouarnec a mis en évidence que ces derniers considéraient qu'un DRH devrait nécessairement avoir dans le futur une ouverture internationale avec des conséquences en termes de rôles et d'activités :

Questions	D'accord	Neutre	Désaccord
Les équipes RH devront savoir gérer des personnes de nationalité et de culture différentes	87,9 %	10 %	2,1 %
La question de la diversité et la gestion des différences seront un des éléments clés de la GIRH	67,9 %	23,1 %	10 %
Le DRH devra développer une culture d'entreprise forte afin de « gommer » les différences locales	52,4 %	20,5 %	27,1 %
Dans les multinationales, la DRH sera centralisée dans les pays du board et il y aura uniquement des relais RH dans les filiales	44,6 %	22,6 %	32,9 %
Une grande latitude d'action sera donnée aux filiales dans les entreprises multinationales	45,7 %	29,1 %	25,2 %

D'après Scouarnec, 2005.

Au-delà de cette évolution historique, une politique de GIRH est forcément contingente (Pichault et Nizet, 2000). Elle dépend de facteurs aussi variés que son stade d'internationalisation, sa nationalité, son secteur d'activité, sa stratégie, sa culture d'entreprise, son histoire, le style de management et le système de valeurs de ses dirigeants, son mode d'organisation, sa structure, sa taille... À ce titre, Bournois, Defelix et Retour (2000) proposent d'utiliser plusieurs critères pour positionner une GIRH.

L'organisation de la GIRH (multidomestique versus hétérarchique) : est-elle l'extension de la GRH nationale ou se différencie-t-elle ? Est-elle cantonnée à la division internationale ? Est-elle pilotée dans un sous-service de la DRH du siège, ou est-elle indépendante ? A-t-elle pris une forme hétérarchique : est-elle pilotée à partir de plusieurs centres dans le monde, avec des individus-relais dans les filiales chargées de tel ou tel aspect de la GIRH ?

- *Les rapports entre le siège et les filiales (autonomie des filiales* versus *centralisation*).
- *La composition des comités de direction* (faible : variété des nationalités représentées au Codir, variété des parcours des dirigeants à l'international, âges et identités professionnelles des dirigeants).
- *Le degré de formalisation (faible* versus *élevé)* : quel est le degré de formalisation des politiques de GRH ? Quel est le degré de clarté et de transparence voulu sur tel ou tel aspect de la GIRH ?
- *Les pratiques RH (nationales* versus *internationales)* : quelles sont les pratiques de l'entreprise en matière de gestion des carrières, des rémunérations et de relations sociales ?
- *Le management des équipes multiculturelles (faible ou développé)* : existe-t-il des modules de formation au management interculturel ? La dimension interculturelle est-elle prise en compte ?
- *Les instruments spécifiques liés à l'international* (faible instrumentalisation versus forte instrumentalisation) : quels sont les outils RH à disposition ?
- *La gestion des expatriés (polycentrique versus géocentrique).*

Les auteurs en déduisent qu'une politique de GIRH peut se positionner sur un continuum de configurations possibles entre deux extrêmes (« GRH faiblement internationale » versus « GRH fortement internationale »).

Encadré 1.4 – Les six principales préoccupations des entreprises à l'international

Du fait de l'internationalisation, les préoccupations des entreprises évoluent. Le baromètre « Liaisons Sociales CSC 2011 » identifie, à ce titre, six principales préoccupations des entreprises à l'international :

- le développement d'une culture de groupe (34 %) ;
- L'attraction des talents dans les marchés en développement (22 %) ;
- l'identification des potentiels dans les différentes cultures (20 %) ;
- l'intégration des nouvelles acquisitions à l'étranger (18 %), 5°) ;
- l'équilibre entre politiques de groupe et politiques locales 17 % ;
- la mobilité internationale (17 %).

Source : *Liaisons Sociales*, « L'intégration des filiales, un défi pour les grands groupes », novembre 2011, p. 80-81.)

De même, en utilisant la grille de Heenan and Perlmutter (1979), il est possible d'identifier quatre types de stratégie RH (*cf.* tableau 1.5) :

1.1 Une GRH mondialisée ou contingente ?

Existe-t-il un type de GRH (*modèle universaliste*) ou la GRH est-elle contingente (limitation des pratiques RH par les spécificités nationales ?). Ce débat est récurrent chez les auteurs du champ de la GIRH (Laurent, 1986 ; Brewster, 1995 ; Legge, 1995 ; Purcell, 1999…). Child (2000) précise que cette question divise la recherche en deux camps baptisés : *High-context perspective* (forte importance accordée aux contextes nationaux) versus *Low-context perspective* (primauté des règles universelles de gestion).

Tableau 1.5 – Quatre types de stratégies RH à l'international

Critères	Ethnocentrisme	Polycentrisme	Régiocentrisme	Géocentrisme
Équipe de direction	Équipe de direction et postes clés possédant la nationalité du pays d'origine.	Managers locaux aux postes clés dans leur pays.	Managers de la région aux postes clés dans la région.	Managers nommés en fonction de leurs compétences, équipe de direction multiculturelle.
Expatriés	Nombre important d'expatriés/ Gestion des expatriés par un service ad hoc.	Faible expatriation.	Carrière régionale, expatriation au sein de la zone.	Nombre important d'expatriés, carrières internationales.
Politique RH	Définie au niveau central et appliquée uniformément.	Définie localement et différente selon les pays.	Définie au niveau central et régional avec une primauté pour le niveau régional.	Définie au niveau mondial après consultation des meilleurs experts RH de l'entreprise.
Rémunération variable	Primes élevées pour le siège, faibles dans les filiales.	Grande variété de situations.	Primes liées aux performances régionales obtenues.	Primes individuelles en fonction de la performance de chacun.

D'après Perlmutter, 1969.

Ainsi, les tenants du modèle « universaliste » (Ulrich, 1987 ; Wright & McMahan, 1992) considèrent qu'il existe « de bonnes pratiques » en GRH et qu'elles s'imposent à toutes les entreprises, quelles que soient leurs nationalités. Par exemple, Hickson & McMillan (1981) rejettent toute influence de la culture nationale sur les formes de structures et les logiques d'organisation et considèrent que l'influence culturelle est « nulle » (théorie supranationale des organisations mettant en avant des principes universels d'organisation indépendants des implantations et des cultures locales ; Godelier, 2005). Brewster, Sparrow et Vernon (2007) ont montré que ce courant de recherche était dominant aux Etats-Unis, aussi bien dans les revues académiques de GRH que dans les universités de gestion (enseignement homogène véhiculant une vision d'une GRH « idéale » dont l'objectif est d'améliorer la performance organisationnelle de l'entreprise).

À l'inverse, certains auteurs comme Cheng & Cooper (2003) insistent sur le caractère national (voire régional) des politiques RH et la nécessité d'adapter les pratiques au contexte local. Dans ce courant, les organisations sont perçues comme institutionnellement enracinées et socialement encastrées dans leurs contextes nationaux respectifs. Ainsi, d'après l'étude de Clark (1996), dans chaque pays, la philosophie en matière de GRH est influencée par quatre facteurs (*cf.* figure 1.4) : le contexte institutionnel international de la zone géographique, le contexte national, la culture nationale et le contexte national des RH. Par exemple, le modèle européen de GRH est caractérisé par un environnement plus institutionnalisé que dans les autres régions du monde, ce qui induit des pratiques RH spécifiques.

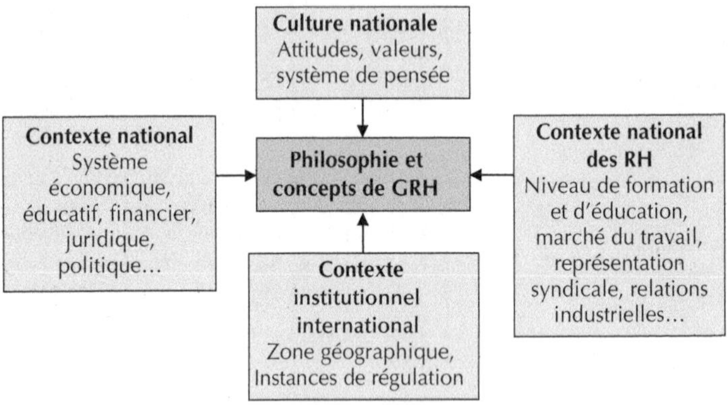

D'après de T. Clark, 1996.

Figure 1.4 – Modèle contextuel de GRH

Au-delà de la dimension nationale, d'autres facteurs de contingence sont mis en avant par certains auteurs (stratégie, structure, organisation, identité, technologie...). Comme l'indiquent Cadin, Guérin et Pigeyre (2007) : « La contingence est une remise en cause du *one best way*. Elle admet qu'il puisse y avoir plusieurs bonnes solutions ou que la pertinence de telle ou telle solution puisse varier selon les situations. »Dans cette perspective, Frombrun, Tichy et Devanna (1984) ont avancé le principe selon lequel l'avantage concurrentiel d'une entreprise augmente lorsqu'elle est capable d'adapter ses pratiques de GRH aux facteurs externes qu'ils soient de nature économique, politique ou culturelle.

1.2 Vers un phénomène de convergence ou de divergence ?

Au-delà de l'opposition entre modèle global ou contextuel, la GIRH est aussi traversée par un deuxième débat. D'une part, certains chercheurs, comme Ferner & Quintanilla (1998), affirment que les différences nationales s'estompent progressivement (phénomène de convergence) et que la plupart des multinationales tendent à adopter le modèle anglo-saxon de GRH. En particulier, le processus d'homogénéisation concerne la gestion des hauts potentiels (détection, évaluation, parcours), l'appréciation, les systèmes de rémunérations variables et la gestion des carrières des managers. D'autre part, des auteurs comme Whitley (1992) ou Amable (2005) insistent sur la diversité des systèmes économiques et sociaux dans la mondialisation et la préexistence de différences régionales ou nationales.

EXEMPLE – La construction d'un modèle RH mondial chez Bouygues Bâtiment International

L'entreprise a formalisé en avril 2011 par écrit ses principaux fondamentaux RH. Le référentiel RH comprend une liste évolutive de 18 critères évalués sur quatre niveaux (excellent, maturité, moyen, faible) et des conseils pour y arriver. En procédant ainsi, elle souhaite faire en sorte qu'un collaborateur de n'importe quel pays ait l'impression d'être traité de la même façon que tous les autres en tant que personne humaine (harmonisation des pratiques RH). Pour cela, elle fait en sorte d'évaluer chaque année ces fondamentaux dans ses différents pays d'implantation (analyse longitudinale dans la durée). En cas de résultant insatisfaisant, un plan d'actions est mis en place pour l'entité.

Source : 22e édition du Congrès HR, octobre 2011.

Cependant, de plus en plus de contributions récentes ont abandonné cette stricte dichotomie, entre convergence et divergence d'une part et universalisme et contingence d'autre part, pour mettre en évidence des phénomènes plus nuancés. Par exemple, Frenkel et Kuruvilla (2002) montrent que la structure des relations de travail d'une entreprise dépend de trois logiques d'actions distinctes que sont :

- la logique « concurrentielle » qui conduit à adopter les meilleures pratiques et pousse à la convergence entre entreprises internationales ;

- la logique de la « paix sociale » liée à l'histoire sociale et économique d'un pays qui encourage la divergence ;
- la logique de l'« employabilité » s'inscrivant entre convergence et divergence.

De même, Taylor, Beechler et Napier (1996) précisent que les multinationales mettent en œuvre trois stratégies différentes quant à l'étendue du transfert de leurs pratiques RH à leurs filiales :

– stratégie d'adaptation locale (prise en compte des spécificités locales) ;
– stratégie de conformité (reproduction des pratiques du siège) ;
– stratégie intégrative qui combine une prise en compte du contexte local avec une logique globale (adoption des meilleures pratiques qu'elles proviennent des filiales ou du siège).

Nos observations confirment ce point de vue. En effet, force est de constater que si la GRH garde une spécificité en fonction de la zone géographique où elle est exercée (notamment du fait du droit du travail local), la fonction est traversée par des phénomènes de mode managériaux qui pour la plupart proviennent des États-Unis (coaching, 360 degrés, tests psychométriques, Assessment Centers, Balanced scorecard, SIRH...). Ces modes s'imposent progressivement à toutes les entreprises et les entreprises multinationales font souvent office de pionniers dans la transmission de ces pratiques.

Exemple – La création d'un baromètre social international chez Hager

Hager, fabricant franco-allemand de matériel électrique a mené simultanément en mars 2011 auprès de l'ensemble de ses 11 000 salariés une enquête intitulée « Baromètre social international » dans 35 pays. Les salariés mettent en avant cinq thèmes prioritaires :

- la reconnaissance professionnelle,
- le succès et les performances du groupe ;
- les conditions de travail ;
- le leadership – les relations avec le management ;
- le développement personnel dans l'entreprise – l'accès aux opportunités de formation et d'emploi.

Les différences entre les pays restent relativement faibles même si par exemple les pays industrialisés marquent une attention un peu plus forte aux questions de conditions de travail et de GRH.

Source : Entreprise & Carrières, n°1101, 19 au 25 juin 2012.

Avis d'expert

Vers une « glocalisation » de la fonction RH

Par Thomas Ripert, RRH d'une entreprise internationale

Face au phénomène de mondialisation, les entreprises internationales présentent désormais une physionomie nouvelle où la DRH centrale assure le développement des politiques RH pour l'ensemble de ses filiales en vue d'assurer une cohérence de groupe et de renforcer l'harmonisation de la culture d'entreprise.

Cette gestion globalisée présente toutefois des limites dans la mesure où elle peut se heurter aux spécificités locales et être source de risques sociaux majeurs.

Face aux particularités culturelles nationales, à la complexité des législations locales, les entreprises internationales se sont dotées de DRH locales chargées à la fois d'assurer l'implémentation des politiques RH internationales dans chacun des pays mais aussi, le cas échéant, de les adapter en vue de se conformer aux réglementations locales du travail.

En outre, les DRH locales jouent désormais un rôle prépondérant dans la mise en œuvre des politiques RH auprès des salariés des filiales. Elles facilitent la conduite du changement ainsi que la mise en œuvre de formations à l'approche multiculturelle destinées à favoriser la compréhension et l'acceptation des logiques transnationales ainsi que l'adoption d'un langage commun (référentiel de compétences, outils de développement, etc.).

Face à la complexité des modèles RH, les généralistes RH locaux assurent également un véritable rôle de coach auprès de leurs partenaires business les amenant à devenir les premiers relais RH auprès de leurs équipes.

En effet, au regard des différences culturelles, sociales et réglementaires majeures existantes à travers le monde, la mise en place de DRH locales avec équipes élargies s'avérerait coûteuse. Les entreprises internationales s'orientent donc vers des structures RH locales réduites où l'accent est mis sur la responsabilisation et le développement de l'expertise des dirigeants locaux.

☞

☞

Cette approche « glocalisée » des RH favorise donc l'émergence de réelles dynamiques de groupe où les DRH centrales assurent un partenariat renforcé avec les DRH locales. En assurant une transposition adaptée des politiques de groupe auprès des équipes locales, les entreprises internationales s'assurent ainsi d'une plus grande efficacité opérationnelle. Dans le même temps, cette approche améliore la compréhension de l'organisation et limite les risques inhérents aux mobilités internationales.

EXEMPLE – La mise en place par PSA d'une gestion informatisée mondiale des entretiens individuels

PSA Citroën a lancé un outil informatique de gestion des entretiens individuels de ses 55 000 cadres, techniciens et agents de maîtrise dans le monde (30 pays). Il s'agit d'apporter plus de transparence entre les différents pays du groupe et de mieux gérer les compétences en tension et les souhaits de carrières et de mobilité internationale. À ce titre, un mini-CV unique au sein du groupe a été institué.

Source : Entreprises et Carrières, n°1092, 17 au 23 avril 2012.

2 Rôles de la fonction RH dans un contexte international

Le modèle de Morgan (1986) fait figure de référence pour matérialiser une GIRH (*cf.* figure 1.5). Il se structure autour de trois dimensions :

- *trois types de salariés* : les salariés du pays d'origine (issus du siège social), les expatriés (issus d'autres filiales) et les salariés locaux (originaires du pays de la filiale) ;
- *trois types de pays* : le pays d'accueil (localisation de la filiale), le pays d'origine (localisation du siège de l'entreprise) et le pays tiers (autres filiales nationales du groupe, pays où l'entreprise n'est pas présente mais dans lesquels elle peut recruter des collaborateurs) ;
- *trois rôles de la fonction RH* (le recrutement, l'allocation et l'utilisation)[1].

1. Nous avons décidé de modifier le modèle de Morgan (1986) en décomposant les trois fonctions RH en sept activités : la stratégie et la planification des RH, l'affectation (recrutement et placement), la politique de gestion des carrières, la formation, l'évaluation, la politique de rémunération, et la gestion des relations sociales.

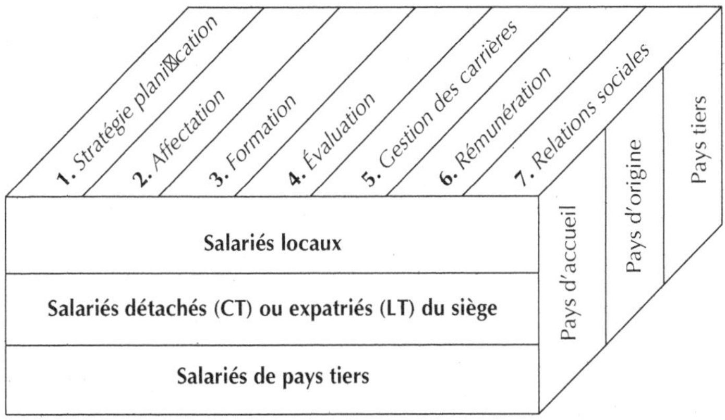

D'après Morgan, 1986.

Figure 1.5 – Le modèle de GIRH

Comme on peut le constater, la GIRH ne se différencie pas par les types d'activité réalisés par la fonction RH mais par le fait qu'elle est exercée dans plusieurs pays avec plusieurs catégories de collaborateurs. Elle induit, de fait, pour le service RH de nouvelles responsabilités et problématiques à traiter (*cf.* encadré 1.5).

Une GIRH induit donc une plus grande complexité de la fonction. Elle conduit à :

– structurer un réseau RH mondial (*cf.* section 3. dans ce chapitre : quelle structure adopter au regard de nos implantations multiples ?) ;
– sensibiliser et impliquer ce réseau afin d'avoir une homogénéité des pratiques, des discours et des outils lorsque cela est possible (dépasser les contingences sur des sujets clés) ;
– à s'assurer de la compréhension et de l'application des procédures (visites et audits ponctuels, formations…) ;
– à animer son réseau mondial par une communication prenant compte de la dispersion géographique (partage des pratiques sur un portail SIRH, notes de services, journal interne, séminaires annuels de travail…).

Encadré 1.5 – Les questions et types de décisions à prendre dans le cadre d'une GIRH

Les quatre décisions RH

1. Dans quels pays, au regard des spécificités des mains-d'œuvre locales (niveau de compétences, coûts, disponibilité...) et de l'environnement économique et social, est-il le plus pertinent d'implanter les opérations internationales ?
2. Quel nombre et quelle proportion de salariés expatriés doit-on avoir pour gérer les implantations internationales (estimation des avantages et des inconvénients) ?
3. Où et comment doit-on recruter ces expatriés et combien doit-on les rémunérer pour optimiser leurs performances ?
4. Les politiques et pratiques RH doivent-elles être uniformes à tous les pays, spécifiques en fonction des caractéristiques de chaque pays ou être décidées selon les cas au niveau du siège ou localement (degré de liberté d'initiative des filiales hors pays du siège) ?

D'après Briscoe & Schuler, 2004.

Les sept questions clés

1. Avons-nous une stratégie pour devenir une entreprise internationale ?
2. Quels sont les types de managers dont nous avons besoin pour réussir à l'international ? Et comment pouvons-nous les traiter ou les développer ?
3. Comment est-ce que je peux obtenir des informations pour savoir la façon dont la GRH se pratique dans les autres pays : lois sociales, syndicats, marchés du travail...
4. Quel va être l'impact des normes culturelles locales sur nos méthodes de travail liées au contexte du pays d'origine ? Ces méthodes sont-elles utilisables dans tous les pays ?
5. Comment devons-nous choisir si nous devons envoyer des expatriés ou recourir à la main-d'œuvre locale ?
6. Comment allons-nous gérer les mobilités internationales si nous choisissons d'avoir recours à l'expatriation ?
7. Comment allons nous gérer les connaissances, les compétences et les informations dans un contexte de distance géographique et culturelle entre nos différents lieux d'implantation ?

D'après Brewster, Sparrow et Vernon, 2007.

Focus

Le profil des DRH Monde des entreprises du CAC 40

Le profil des DRH monde des entreprises du CAC 40 comprennent 8 DRH « étranger » et seulement 9 femmes. La grande majorité d'entre eux font partie du COMEX. Ainsi en grande majorité les DRH groupe sont des hommes blancs et français, dans la cinquantaine en moyenne et dotés d'un bagage académique assez homogène qui s'articule autour de deux dominantes (droit et école de commerce).

Source : *Liaisons Sociales*, février 2012, p. 44-46.

Pour pouvoir gérer ces différentes problématiques, un service RH international doit se positionner sur quatre activités nouvelles :

2.1 La gestion de marque « employeur » au niveau global

Les entreprises à forte dimension internationale doivent se préoccuper de leur marque « employeur » ou « image corporate » dans les différents pays d'implantation. En effet, l'image de marque dans le pays d'origine (localisation du siège social) n'est pas suffisante pour attirer des salariés locaux. Ainsi, pour éviter que la perception des individus quant aux caractéristiques de l'entreprise varie selon les pays, les services RH doivent travailler sur une marque « employeur » au niveau global avec des adaptations locales en fonction des spécificités culturelles et des attentes spécifiques de la main-d'œuvre locale. Cette stratégie vise en premier les salariés de l'entreprise pour les attirer et les fidéliser, en créant une image sociale valorisante mais également un sentiment d'appartenance et de fierté collective. La réussite d'une telle stratégie repose principalement sur la capacité des organisations à créer une marque authentique et légitime, comme le soulignent Martin et Hetrick (2006).

Tableau 1.6 – Attentes des étudiants

Quelles sont, parmi les items suivants, les propositions les plus attractives que peut vous faire un employeur ?				
Offres	Chine	Inde	Europe de l'Est	France
Rémunération intéressante	56 %	19 %	17 %	40 %
Horaires de travail flexibles	19 %	15 %	38 %	18 %
Bonnes références professionnelles	34 %	13 %	20 %	8 %
Avoir des postes stimulants	25 %	18 %	19 %	16 %
Bonne ambiance de travail	18 %	13 %	21 %	33 %
Formation continue	38 %	12 %	22 %	9 %
Opportunités de carrière à l'international	22 %	20 %	43 %	39 %
Responsabilités managériales	7 %	18 %	11 %	19 %
Coaching interne	3 %	12 %	7 %	3 %
Travailler en mode projet	5 %	12 %	16 %	14 %
Rapide évolution de carrière	15 %	20 %	15 %	34 %
Sécurité de l'emploi	15 %	13 %	14 %	13 %
Programme de formation	16 %	13 %	17 %	10 %
Variété des tâches	10 %	17 %	16 %	36 %

Au-delà du recrutement, la question de la fidélisation devient cruciale. Or, il s'agit là de tenir compte des attentes spécifiques des collaborateurs selon les pays. Une enquête menée par Universum concernant les attentes des étudiants français, chinois, indiens et d'Europe de l'Est en matière de carrière professionnelle, illustre ces disparités (*cf.* tableau 1.6). En particulier, on remarque que le salaire et la réputation de l'entreprise sont des critères déterminants en Chine alors que les étudiants de pays de l'Est privilégient la flexibilité des horaires de travail et les opportunités de carrières à l'international.

2.2 La gestion des données sociales internationales

La direction RH doit avoir une bonne connaissance des spécificités de ses collaborateurs dans le monde. Cela induit notamment la généralisation d'outils standardisés, comme par exemple le reporting social. Ces outils permettent de consolider les informations mondiales et d'avoir une visibilité sur la politique RH globale et sur les mesures à opérer (turnover, pyramide des âges, accidents du travail…).

Afin d'en assurer l'efficacité, la direction RH doit s'interroger sur les spécificités culturelles des différents pays (contexte local) et s'assurer de l'appropriation des termes par le réseau global RH. Il faut déjà tenir compte des problèmes de compréhension des équipes locales liés notamment à la mauvaise maîtrise des langues des uns et des autres. Cela conduit ensuite à rendre le plus explicite possible les politiques RH (nécessité de formaliser les politiques et de les expliquer le plus précisément possible notamment au moyen de supports écrits).

Exemple – Dispositif de reporting social chez Vinci

Vinci a mis en place un dispositif de reporting social pour ses 880 filiales. Pour ce faire, il a été traduit en quatre langues et nécessité la formation de 150 collaborateurs dans les différents pays. Ce dispositif permet de consolider chaque trimestre un ensemble d'informations quantitatives et qualitatives et de les communiquer aux institutions représentatives du personnel.

2.3 La gestion des carrières internationales et le développement des talents

La présence dans plusieurs pays nécessite aussi d'intégrer dans les parcours professionnels la dimension géographique internationale. À charge pour le service RH de définir :

– le caractère obligatoire ou non ;
– la fréquence, la durée et les conditions de la mission ;
– les populations visées et les critères de sélection.

La fonction RH doit alors adapter ou enrichir des techniques et procédures spécifiques (mise en place d'organigrammes de remplacement, création de viviers de candidats à une mobilité internationale, gestion des hauts potentiels, développement de la logique compétences, entretiens d'appréciation, séminaires d'intégration mapping...). Cela lui permet ainsi d'être en mesure d'estimer les compétences collectives mondiales de l'organisation et d'attribuer au mieux les postes clés de l'entreprise (choisir les dirigeants de l'organisation).

Il en résulte souvent l'introduction de nouveaux métiers RH spécialisés dans la gestion des carrières. Il n'en demeure pas moins que les services RH centraux peinent à mettre en place une véritable gestion des compétences internationales en partie en raison de la difficulté de gérer à distance et dans un environnement étranger leurs collaborateurs.

2.4 L'harmonisation des statuts et des rémunérations

Même si la rémunération répond à certaines règles locales, le service RH a en charge la gestion de l'équité entre les différentes populations de l'entreprise. Une harmonisation des statuts et des rémunérations facilite en effet la gestion et la mobilité des collaborateurs.

La fonction RH doit s'assurer que les collaborateurs sont traités selon des règles communes, ou tout du moins compréhensibles et acceptées comme légitimes par tous alors qu'ils sont géographiquement dispersés. Ce travail d'analyse et d'harmonisation n'est pas toujours évident du fait de la fiabilité relative des données.

Pour remplir ces nouveaux rôles, Brewster & al. (2007) considèrent qu'un RH international doit disposer des compétences suivantes :

- savoir développer des processus RH efficaces et agir en DRH stratèges ;
- avoir un fort réseau relationnel personnel disponible à l'intérieur et à l'extérieur de l'organisation, et avoir la capacité de construire des relations interpersonnelles avec différents acteurs ;
- savoir fournir des informations et délivrer des conseils à son réseau professionnel sur la base d'une expertise personnelle et de sa crédibilité ;
- être en capacité de travailler en réseau virtuel ;
- savoir apprécier la façon dont la culture d'entreprise influence les comportements organisationnels ;
- savoir mobiliser les énergies, maintenir la pression sur les collaborateurs et manager par les objectifs ;
- être respectueux des diversités culturelles ;
- être un facilitateur et disposer de compétences diplomatiques dans des contextes organisationnels complexes ;
- être ouvert à la tolérance, à l'ambiguïté et à l'incertitude inhérentes aux multinationales ;
- savoir diffuser les connaissances, les apprentissages et les savoirs.

Cela nécessite de revoir les programmes de formation et les profils de compétences des personnels RH à l'international.

3 La structure d'une fonction RH dans une entreprise internationale

L'internationalisation des entreprises pousse la fonction RH à adopter des structures ad hoc. Dans leur analyse des pratiques des sociétés du SBS 120, Bournois & al. (2007) constatent que la structuration de la fonction RH dans les entreprises internationales vise l'obtention de gains de productivité (créer de la valeur et minimiser la structure de coût) et conduit à :

- concentrer les pôles d'expertise au niveau de la DRH centrale (générer des synergies) ;
- recourir à des prestataires extérieurs pour les activités à faible valeur ajoutée et consommatrices de temps et de moyens (tels que l'administration du personnel, l'épargne salariale ou la paie) ou les sujets pointus (droit social international, gestion des expatriés, conseil en stratégie...) ;
- rechercher la transversalité à travers des centres de services partagés qui prennent en charge pour une zone géographique, les questions administratives et la gestion de la paie.

Encadré 1.6 – Types de structure d'une fonction RH

Ulrich et Brockbank (2005) préconisent trois types (non exhaustifs) d'organisations de la fonction RH, en lien avec les configurations organisationnelles des entreprises :

1. Une organisation RH fonctionnelle

Elle convient aux entreprises ne présentant qu'une seule ligne de business. L'expertise RH réside alors au siège de la société et les divisions et les usines sont « équipées » de généralistes RH. Les politiques sont ainsi émises par les spécialistes du siège alors que les généralistes sont responsables de la motivation et de l'implication des salariés qu'ils gèrent et adaptent les politiques centrales. Dans cette configuration, le lien entre les équipes RH locales et l'équipe centrale doit être suffisamment fort pour qu'une cohérence soit assurée au travers de toute l'entreprise et qu'un salarié allant d'une entité à une autre retrouve les mêmes conditions.

☞

☞

2. La RH dédiée

Elle doit être adoptée par les holdings, composées d'entités distinctes les unes des autres aussi bien en terme de stratégie que de business. Dans ce cas, chaque entité doit créer sa propre RH fonctionnelle, avec au siège une équipe RH resserrée en charge de la coordination et du partage des informations entre les Business Units (BU).

3. Les centres de prestations de services

Lorsque les entreprises ont des structures hybrides à mi-chemin entre la holding et le « business unique » (existence de plusieurs BU avec une volonté d'établir des synergies entre elles), le service RH doit s'organiser autour :

- de centres de prestations de services en charge de la gestion administrative (paie, formalités...) ;
- de la fonction RH « corporate » regroupant les centres d'expertises (experts RH en charge de la définition des politiques et de la gestion des clients « managers opérationnels » (fonction du support) ;
- de généralistes RH (fonction de consultants et d'organisateurs internes) qui font le lien entre le business et les programmes RH.

Dans ce cadre, les entreprises internationales se retrouvent souvent dans la troisième configuration.

D'après Ulrich et Brockbank, 2005.

Le recours à des centres de services partagés se généralise dans les entreprises internationales (Reilly, 2000) dans la mesure où ils permettent de réduire les coûts de la fonction (achats groupés, délocalisation dans des pays à bas coûts, réduction des effectifs de 20 à 40 %...).

Au niveau mondial, la fonction RH adopte de plus en plus une structure de type matriciel croisant deux ou trois dimensions (métier, produits, zone géographique) :

– présence d'une DRH groupe regroupant des pôles d'expertise mondiale (Responsable développement des RH, Responsable relations sociales...) auxquels rapporte chaque responsable RH fonctionnel. Cette DRH centrale définit les grandes politiques RH (recrutement, formation, évaluation, rémunération, carrière...) dont elle s'assure de la bonne mise en œuvre au niveau local (logique de coordination et de contrôle). Elle est aussi en charge du pilotage des projets RH transversaux (démarche qualité...) et de la mise en place d'outils et de processus communs (logique d'harmonisation des pratiques) ;

– présence d'une DRH par domaine d'activités (filiale...) ;
– présence d'une DRH par zone géographique (pays, région...).

EXEMPLE – La structuration de la fonction RH chez Airbus

Suite aux difficultés rencontrées sur l'A380, Airbus a décidé de transformer la fonction RH dans le cadre d'une organisation interne appelée « *delivery model* ». L'entreprise a structuré la fonction RH autour trois niveaux :

– des responsables RH proches du terrain ;
– des centres d'expertise (rémunération, relations sociales, etc.) qui s'assurent en permanence de la mise en œuvre de la stratégie RH ;
– des centres de services partagés RH (mutualisation des outils RH et mise en place des plates-formes communes pour la gestion des recrutements, de la paie ou de la formation) constitués au niveau du groupe EADS

Source : 22e édition du Congrès HR octobre 2011.

ENCADRÉ 1.7 – Changement de structure RH face à l'internationalisation de l'entreprise

Les auteurs ont étudié une organisation (cas non nominatif) qui a changé la structure de sa fonction RH dans un contexte de forte internationalisation de ses activités. Elle est passée d'une DRH groupe pilotant les différents DRH pays à une DRH groupe comprenant trois centres d'expertise (*cf.* figure 1.6) :

- le centre d'expertise « Rémunération » dédié aux questions de rémunération (grandes règles de fixation des rémunérations, rémunération des dirigeants...) ;
- le centre d'expertise « RH général » est dédié à toutes les opérations qui pourront être mutualisées (notamment la gestion administrative, gestion des prestataires...) ;

☞

- le centre d'expertise qui prend en charge le développement organisationnel (formation, développement du leadership, plan de succession, gestion des hauts potentiels, organigrammes de remplacement...).

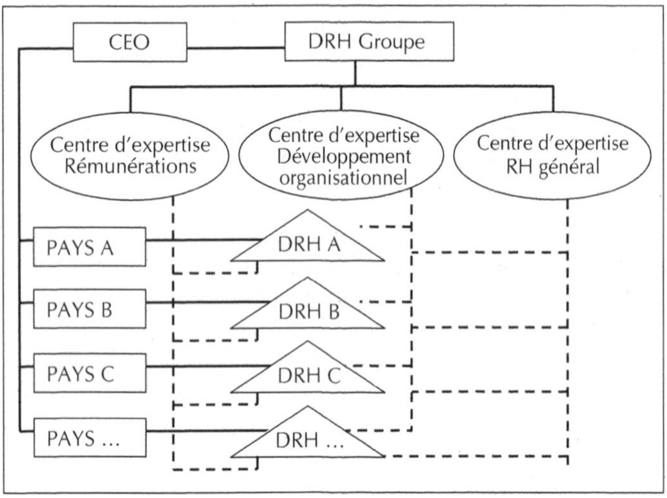

D'après d'Arifat et al., 2006.

Figure 1.6 – Une DRH groupe, trois centres d'expertise

Cette organisation, permet à la fonction RH de coller à l'organisation « Business ». Elle est néanmoins complexe. Ainsi, il est fréquent que la fonction RH se dote d'un réseau de correspondants locaux chargés de diffuser la stratégie RH et les objectifs poursuivis.

Plus globalement, l'internationalisation des entreprises les a aussi conduites (Cooke, 2006) à allouer plus de responsabilités à leurs managers, à accroître le recours aux SIRH et à réduire la taille de la fonction RH (phénomène de *downsizing*).

4 Les nouvelles parties prenantes externes d'une fonction RH internationale

Au-delà de ses parties prenantes traditionnelles (syndicats nationaux, pouvoirs publics du pays d'origine...), une fonction RH internationale est aussi amenée à travailler avec de nouveaux acteurs. On distingue notamment les administrations locales, les prestataires spécialisés à l'international et les directions santé et sûreté.

4.1 Les administrations locales

Afin de gérer son personnel présent à l'international, et notamment les expatriés, la fonction RH se retrouve en interaction avec les différentes administrations locales (services d'immigration, ambassades, gouvernements locaux...). À charge pour elle, de maîtriser les codes et modes de fonctionnement dans différents pays où est implantée l'entreprise. Dans les faits, pour différentes raisons (compréhension linguistique, décalage horaire, distance géographique, connaissance des circuits et des autorités...), la direction RH délègue souvent au service RH local ou à des cabinets spécialisés le traitement de ces questions. Elle doit toutefois superviser le bon déroulement des procédures.

Chaque pays dispose d'une fiscalité, d'un droit social privé et d'un droit public qui lui sont propres. Il est nécessaire d'en connaître les spécificités pour s'assurer de la bonne application des règles.

4.2 Prestataires spécialisés à l'international

La fonction RH ne peut assurer à elle seule la gestion complète des collaborateurs à l'international. Elle ne peut en effet maîtriser la diversité et la particularité des systèmes de chaque pays. Elle doit sélectionner des prestataires internationaux qui l'assisteront : cabinets fiscaux et sociaux, fournisseurs d'indices de mobilité (coût de la vie localement, prix du marché local locatif...), déménageurs, etc.

Les organismes nationaux ne sont pas toujours à même de prendre en compte la dimension internationale. La fonction RH doit alors négocier des contrats spécifiques auprès le plus souvent de prestataires privés (retraite par capitalisation, frais médicaux...). Dans une volonté d'équité et sous l'effet des flux internationaux entre toutes les entités, ces derniers doivent de plus en plus couvrir toutes les populations travaillant à l'international (expatriés, contrats locaux aménagés[1], nationaux de pays tiers). Faire appel à des professionnels de l'expatriation permet de fournir aux impatriés un accompagnement de qualité. Cela joue un rôle important dans leur intégration.

4.3 Directions sûreté et santé

Les dangers potentiels internationaux (instabilité politique, attentats, agressions, kidnapping, séismes, maladies endémiques...) sont désormais plus diffus et ne concernent plus uniquement des zones géographiques bien identifiées. La fonction RH doit être sensibilisée et se montrer très réactive face aux événements afin d'en éviter – ou de limiter – les conséquences parfois dramatiques (intégrité physique, financières, sociales, médiatiques...) Elle doit pour cela être en liaison constante avec les directions et/ou les prestataires sûreté et sanitaires. De plus, l'entreprise se doit d'informer et de former ses collaborateurs à ces risques afin de les sensibiliser. En effet, dans le cas contraire, en cas d'incident, elle risque d'engager sa responsabilité.

EXEMPLE – Une couverture santé pour tous les salariés de Danone

Danone a mis en place le programme « Dan'Cares » afin de proposer une couverture santé à l'ensemble de ses salariés. L'objectif du programme est de protéger les salariés afin de susciter leurs engagements et de les fidéliser. Après avoir réalisé un audit, Danone a constaté que 60 000 salariés étaient insuffisamment couverts. La couverture fondamentale porte sur les soins, l'hospitalisation et la maternité. Elle est évaluée selon 3 critères :

- le reste à charge pour les salariés ;
- la qualité des soins et des équipements ;
- l'accessibilité en termes de délais d'attente et d'éloignement.

Source : *Entreprises et carrières*, n°1082, 7 au 13 février 2012, p.18-19.

1. Un salarié sous contrat local dit « aménagé » ou contrat local « plus » est embauché directement par la structure locale. Il bénéficie toutefois du maintien ou de l'octroi de certains avantages par sa société d'origine. Il s'agit le plus souvent du maintien de la protection sociale de son pays d'origine (retraite...).

Focus

La sécurité des salariés

Les problématiques autour de la sécurité des salariés à l'étranger se généralisent et prennent de l'ampleur. Céline Lacourcelle (2010) pointe plusieurs points clés autour de ces questions :

- **la nécessité d'avoir une « gestion juridique très précise et rigoureuse »** dans la mesure où la jurisprudence est de plus en plus en faveur des salariés ;
- **la professionnalisation des approches de gestion des risques à l'international** avec l'apparition de nouveaux métiers tels que *security manager* ou *travel manager*, et le suivi de procédures précises (formulations de recommandations, preuves écrites...) ;
- **le développement de formations sur mesure** autour de la sensibilisation aux risques et aux comportements, couplés à des mises au point régulières pour éviter une baisse de la vigilance ;
- **une sévérité accrue de l'employeur face aux salariés ne respectant pas les règles de sécurité** (déclaration d'inaptitude, retour au pays...) dans la mesure où l'employeur engage sa responsabilité civile et pénale et a une obligation de résultats sur ces questions ;
- **la mise en place d'un dispositif de reporting et de traçage efficace** pour savoir à tout moment où se trouvent les collaborateurs.

D'après C. Lacourcelle, *Entreprise & Carrières*, n° 996, 6 avril 2010.

L'ESSENTIEL

Le chapitre entend s'interroger sur les motivations stratégiques des firmes en matière d'internationalisation (nouveaux relais de croissance, gestion des risques, compétitivité..). Il présente les raisons qui poussent les entreprises à s'internationaliser, les différentes étapes en matière de développement des firmes (exportation, délégation commerciale, filiale, division, organisation multinationale...) ainsi que les types de liens qui peuvent exister entre le siège et ses filiales. Ce dernier point traite notamment de la question de l'autonomie ou du contrôle des filiales et de leurs apports en matière d'entreprise multinationale. Le travail réalisé se prolonge par l'étude des incidences de l'internationalisation des entreprises sur la fonction ressources humaines.

Dans un premier temps, nous présentons les trois grandes phases d'internationalisation des pratiques RH dans les grandes entreprises françaises, en ouvrant la discussion sur les phénomènes de convergence ou de divergence en matière de gestion des ressources humaines.

Puis, nous abordons la question centrale du rôle (gestion des données sociales, gestion des carrières, développement des talents, harmonisation des statuts et des rémunérations...) et de la structure de la fonction RH dans un contexte international (RH fonctionnelle, centres d'expertise sur certaines thématiques...).

Enfin sont abordées les nouvelles parties prenantes externes d'une fonction RH internationale. On s'intéresse plus particulièrement aux administrations locales, aux prestataires spécialisés à l'international, ainsi qu'aux directions sûreté et santé.

Chapitre 2 La gestion internationale des ressources humaines

SOMMAIRE

La GIRH est essentiellement centrée autour des problématiques de mobilités internationales (envoi à l'étranger des collaborateurs et accueil des salariés dans les différentes filiales).

Ce chapitre est structuré en trois sections. Nous nous intéresserons aux rôles et enjeux de la mobilité internationale (I) en retraçant l'évolution progressive des pratiques d'entreprises en matière de mobilité internationale (1) ainsi que les rôles de ces salariés internationaux (2). Puis nous analysons le processus de gestion mis en place dans le cadre d'une GIRH (II) en distinguant : la sélection (1), la préparation (2), l'accompagnement logistique (3), la réalisation de packages de rémunération (4), le suivi (5), la gestion de la famille (6) et la gestion des retours (7) des salariés qui travaillent à l'étranger. Enfin, le chapitre se conclut par une présentation des prérogatives actuelles de la fonction RH (III) en matière de gestion des carrières, de responsabilité sociale (RSE) et de SIRH.

Section 1 RÔLES ET ENJEUX DE LA MOBILITÉ INTERNATIONALE

1 Évolution des pratiques en matière de gestion de mobilité internationale

La gestion internationale des carrières se décompose en quatre grandes périodes[1] :

Première période (jusqu'aux années 1970) : des flux internationaux essentiellement individuels

Les Français ont traditionnellement un faible engouement culturel vis-à-vis de l'expatriation, *a contrario* de nombreux pays. Cela peut s'expliquer par la qualité de vie perçue du pays (niveau de vie moyen, niveau de sécurité, niveau d'éducation, niveau culturel…) qui n'incite

1. Cette analyse historique s'appuie sur le travail de synthèse réalisé par M-L. Tourbet (2007).

pas les Français à rêver d'un ailleurs mais aussi de certaines limites récurrentes (réticence pour la mobilité géographique même au sein du pays, niveau de maîtrise des langues étrangères assez limité...). Ainsi, historiquement, les décisions individuelles d'expatriation sont plutôt limitées. De plus, jusqu'aux années 1960, la grande majorité des entreprises ont plutôt une activité réduite à l'international qui ne nécessite pas une présence importante de ressortissants français.

Deuxième période (1970-1985) : essor de l'internationalisation des activités et des salariés

Sous l'effet du commerce international, cette tendance s'inverse dès la fin des années 1960. Les entreprises se développent à l'international. Étant alors peu enclines à envoyer leurs Ressources humaines hors des frontières, les entreprises le font souvent avec méconnaissance, au cas par cas, sans que des gestionnaires ne soient dédiés au sein des entreprises pour s'occuper des expatriés. Ces derniers sont gérés comme les autres salariés par le service des Ressources humaines, du fait également de leur faible nombre. L'expatriation étant perçue comme un risque, on estime que les expatriés doivent donc être rémunérés en conséquence d'autant qu'il n'y a pas beaucoup de candidats et peu d'informations sur les pays. Cela se traduit donc par l'octroi d'un package financier élevé – voire très élevé – comprenant avantages monétaires (sursalaires) et en nature, ainsi que primes de risque conséquentes. Les expatriés sont souvent qualifiés de « mercenaires » et « baroudeurs » vivant comme des « nababs » à l'étranger.

Troisième période (années 1980-1995) : déploiement de dispositifs internationaux

L'accroissement des effectifs à l'international, destinés à accompagner la conquête des marchés, se heurte rapidement à des difficultés liées notamment à l'inadéquation du statut des Français à l'étranger ; l'absence d'information et de réglementation sur les conditions d'expatriation (protection sociale...) et le manque de connaissances des entreprises sur la gestion des contrats internationaux. Prenant conscience de ces difficultés, les Chambres de commerce et d'industrie, le Centre français du commerce extérieur, les administrations concernées et le gouvernement engagent des études et des groupes de travail sur l'amélioration du statut des Français à l'étranger afin de parfaire la position de la France sur la scène mondiale comme État concurrentiel. Ainsi, l'EURES (*European employment services*) est créé en 1993. Ce réseau de coopération a pour vocation de faciliter la libre circulation des travailleurs en Europe. De même, dans la loi du 31 décembre 1991, l'OMI (Organisation des migrations internationales)[1] recentre ses activités sur le recrutement et le placement à la fois des Français à l'étranger et des ressortissants européens résidant en France. D'autres dispositifs naissent également afin de promouvoir et impulser la mobilité internationale chez les jeunes générations. On peut notamment citer le programme Erasmus[2] ou encore la reconnaissance des diplômes européens de l'enseignement supérieur au sein de la zone européenne. De plus en plus, les filières de l'enseignement supérieur intègrent l'international dans leurs programmes avec des cours dédiés ou grâce à des partenariats permettant aux étudiants de réaliser une partie de leur scolarité à l'étranger. Cette période marque une augmentation importante du nombre d'expatriés. Cependant, cette croissance s'accompagne de réflexion sur le coût de l'expatriation. En effet, pour préserver leur compétitivité les entreprises décident de rationaliser leurs dépenses. Il s'agit d'optimiser le coût de l'expatriation en mettant en place des processus de calcul de coût. On assiste alors à une diminution forte des primes liées à l'expatriation. Les entreprises s'appuient désormais sur des éléments factuels pour déterminer les packages de rémunération telle que la prise en compte du différentiel de coût de vie entre le pays d'origine et le pays d'affectation… Le système de rémunération devient de ce fait plus transparent avec des primes et avantages rationalisés. Enfin, les entreprises décident d'instaurer des politiques de mobilité internationale, reprises sous forme de chartes écrites, qui déterminent un ensemble de normes applicables aux expatriés quel que soit leur pays d'affectation.

Quatrième période (années 1995-2007) : généralisation des parcours internationaux

Les grandes entreprises ne cessent de se développer à l'international. Pour accompagner ce développement, l'expatriation se banalise au sein

1. L'OMI est devenu l'ANAEM (Agence nationale d'accueil des étrangers et des migrations) en 2005.

2. Créé en 1987, il a permis, depuis sa création, à 1,2 million d'étudiants d'accomplir une période de leur scolarité à l'étranger.

des entreprises[1]. Il en résulte un accroissement de la professionnalisation des outils, des pratiques et des gestionnaires RH sur les questions de mobilité internationale. Des emplois d'experts spécialisés dans ce domaine sont créés dans les entreprises pour prendre en charge les flux croissants de mobilité du personnel. Le statut de l'expatriation se modifie. Il devient un passage obligé pour certaines catégories de personnel et est perçu comme un accélérateur de carrière (premier facteur de motivation). De fait, l'aspect monétaire n'apparaît plus comme l'unique motivation pour s'expatrier, d'autant que se poursuit l'harmonisation engagée dans la précédente phase avec des packages plus rationalisés, transparents et équitables. Pour y contribuer, les entreprises se dotent de nouveaux outils de surveillance : budgets préétablis, recours à des cabinets spécialisés et des fournisseurs d'indicateurs mondiaux... L'objectif est d'établir avec précision les primes d'expatriation, en tenant compte des inconvénients immatériels (éloignement, qualité de vie...). On assiste également à la réduction, voire la suppression, des primes de mobilité dans certains pays équivalents à la France (Europe de l'Ouest). Ainsi, on distingue aujourd'hui trois types de situation :

- les pays occidentaux (Union Européenne et Amérique du Nord) avec une disparition progressive des avantages monétaires (réduction des avantages en nature, des primes et des indemnités liées au coût de la vie) ;
- les pays à risque où la politique de rémunération reste attractive afin d'inciter les collaborateurs à accepter la mobilité ;
- les autres pays où les éléments de rémunérations visent à maintenir le pouvoir d'achat de l'expatrié et varient selon la situation locale.

2 Les salariés envoyés à l'étranger : rôles et enjeux

Nous allons étudier les types de statuts possibles pour envoyer un salarié à l'étranger puis, les raisons qui poussent les entreprises à ce type de mobilité.

1. Bien que l'expatriation soit généralisée dans les grandes entreprises, elle reste marginale quand on compare le nombre d'expatriés aux effectifs globaux. Ainsi Bournois et al. (2007) montrent que seuls 15 % des entreprises du SBF 120 comptent plus de 0,5 % d'expatriés dans leur personnel.

2.1 Type de statut des salariés envoyés à l'étranger

Lorsqu'une entreprise française souhaite envoyer un salarié à l'international, elle a à sa disposition plusieurs alternatives.

Elle doit donc déterminer au préalable le statut optimal pour son salarié.

Plusieurs variables déterminantes et discriminantes vont alors conduire à cette décision (durée de la présence, âge du salarié, pays d'affectation...) ce qui donne lieu à une diversité de situations contractuelles (*cf.* tableau 2.1). On peut cependant constater que pour les longues missions, seulement trois types de contrats rentrent en concurrence (expatriation, détachement, contrat local). Les autres types de contrats concernent soit des populations restreintes ou spécifiques (VIE, contrat à l'exportation) soit des missions relativement courtes du fait de la fatigue engendrée par les nombreux déplacements (eurocommuting). Enfin, l'expatriation virtuelle n'est envisageable que pour certains métiers et secteurs d'activités. D'autres ne sont pas « virtualisables » et notamment dans l'industrie lourde (textile, BTP) où une présence constante est nécessaire.

Tableau 2.1 – Présentation des contrats à l'international

Définitions des contrats de mobilité internationale	
Contrats à moyen ou long terme	
Expatriation (3 ans environ)	Salarié quittant provisoirement l'entreprise de son pays d'origine pour une affectation à l'international pour une période déterminée tout en restant assujetti au régime de protection sociale du pays d'accueil.
Détachement (3 ans environ)	Salarié quittant provisoirement l'entreprise de son pays d'origine pour une affectation à l'international pour une période déterminée tout en conservant son régime de sécurité sociale français.
Third Country National (3 ans)	Salarié vivant et travaillant dans un pays qui n'est ni son pays d'origine ni le pays dont relève son employeur (salarié de nationalité d'un pays A employé par l'entreprise d'un pays B et affecté dans un pays C).
Contrat local (durée variable)	Salarié qui n'est pas lié juridiquement à la société française et qui est embauché par la société locale aux mêmes conditions salariales que le personnel local (grille de salaire, protection sociale...). Parfois celui-ci est assorti du maintien d'avantages comme la protection sociale du pays d'origine ou une clause de retour dans son pays d'origine.

☞

☞

Contrat à court et moyen terme ou ponctuel	
Mission internationale (durée variable)	Mission ponctuelle et de courte durée (quelques jours à quelques mois) entre le pays d'origine et une filiale à l'international qui fait l'objet d'une simple lettre de mission. Le salarié reste rattaché à sa structure d'origine.
Euro-Commuting[1] (1 à 2 ans)	Salarié européen affecté dans un autre pays de l'Union effectuant des déplacements entre son lieu de travail et sa résidence familiale selon une fréquence déterminée (souvent hebdomadaire ou bimensuel).
Expatriation virtuelle	Salarié basé dans son pays d'origine en charge de responsabilités à l'international qu'il gère pour l'essentiel à partir de ce pays. Cela suppose des déplacements très fréquents sur place et une utilisation quasi-quotidienne de moyens de télécommunication : visioconférence, Intranet…
Contrats spécifiques	
Volontariat international en entreprise[2] (17 mois)[3]	Contrat réservé aux jeunes diplômés européens ou chercheurs d'emplois de moins de 28 ans permettant d'effectuer une mission professionnelle de 6 à 24 mois à l'international au sein d'une filiale d'une entreprise française.
Contrat de mission à l'exportation (durée variable)	Issu de la loi de cohésion sociale de 2005, il doit permettre aux PME de développer leur capacité d'exportation. Contrat calqué sur le contrat de chantier, conclu pour une durée indéterminée de 6 mois minimum, mais dont la rupture à l'issue de la mission à l'étranger est non soumise à la procédure de licenciement pour motif économique.
Gestion spécifique	
Gestion offshore	Gestion externalisée des expatriés via la création d'une filiale dans un pays à fiscalité et/ou à régime social privilégié (Jersey, Guernesey, Panama…) qui va embaucher les salariés. Ils sont ensuite envoyés en mission dans différents pays selon les besoins de la maison mère.

D'après Tourbet, 2007.

1. Autres appellations de ces salariés : rotationnels, pendulaires, commuters…
2. Dispositif créé par la loi du 14 mars 2000 dans le cadre de la réforme du service national en remplacement du CSNE (Volontaire du service national à l'étranger).
3. Cf. annexe du chapitre 2 pour une présentation plus détaillée du VIE.

Dans la suite de cette partie, nous allons étudier spécifiquement les contrats d'expatriation, de détachement et les contrats locaux (dans l'annexe du chapitre 2, nous présentons différents modèles de contrats). En particulier, nous allons maintenant nous intéresser aux avantages et inconvénients de ces trois types de population.

Focus

Expatriation, détachement : quelles différences ?

Deux principaux statuts peuvent être choisis par l'entreprise lorsqu'elle envoie un collaborateur à l'étranger. On distingue :

- le détachement : le salarié conserve son régime de sécurité sociale français ;
- l'expatriation : le salarié est assujetti au régime de protection sociale du pays d'accueil.

En général, le détachement est réservé aux mobilités internationales de durée de 12 mois à 6 ans, selon que la France ait signé une convention avec le pays d'accueil. Il évite aux salariés une rupture avec son régime d'affiliation. Le détachement est principalement utilisé dans les pays de l'Union européenne dans la mesure où certaines prestations familiales sont exportables (allocations familiales...) et les régimes « de frais de santé » sont quasiment équivalents. En effet, le détachement permet une continuité de la protection sociale française.

L'expatriation est choisie pour les présences longues à l'étranger (plus d'un an). Dans ce cas de l'expatriation, l'employeur fait le choix de maintenir une couverture sociale française via des assurances volontaires spécifiques à ces populations.

Encadré 2.1 – Guide pratique du détachement

Dans un pays membre de l'UE/EEE/Suisse et les pays ayant signé une convention bilatérale de sécurité sociale, la durée initiale de détachement est de 24 mois. Une demande de prolongation peut-être possible mais elle est soumise à l'approbation du pays dans lequel s'effectue le détachement. Pour cela, il faut adresser une demande au CLEISS qui saisit l'organisme compétent de l'autre État.

Dans un pays non-membre de l'UE/EEE/Suisse et n'ayant pas signé de convention bilatérale de sécurité sociale, la durée initiale de détachement est de 3 ans. La durée de la prolongation varie selon chaque pays.

2.2 Avantages et inconvénients des différents types de population

Tableau 2.2 – Avantages et inconvénients des trois catégories de salariés à l'étranger

Recourir à des collaborateurs locaux	
Avantages	**Inconvénients**
Moindres coûts salariaux. Reconnaissance des qualités de la main-d'œuvre locale. Pas de barrière linguistique/limitation des problèmes de communication. Développement des compétences locales. Renforcement de la nature locale de l'entreprise (image vis-à-vis de la clientèle). Intégration dans la communauté locale. Poids économiques et politiques renforcés dans le pays d'accueil. Meilleure intégration du point de vue des acteurs locaux lors des prises de décisions. Réduction des formalités administratives. Développement de la motivation des salariés locaux.	Difficulté de recruter des salariés compétents. Moindre contrôle du siège social sur les pratiques locales. Plus grande difficulté à fixer une stratégie globale. Risque de conflit entre les décisions locales et les décisions globales. Limitation des expériences internationales pour les membres du pays d'origine et des pays tiers. Risque de privilégier les intérêts nationaux sur les intérêts de l'entreprise. Plus grande difficulté à prendre des décisions douloureuses (plans sociaux...). Moindre harmonisation des pratiques. Difficulté de fidélisation dans certains pays.
Recourir à des expatriés	
Avantages	**Inconvénients**
Contrôle renforcé du siège. Renforcement de la culture d'entreprise. Similarité des pratiques managériales. Possibilité de proposer des carrières à l'international. Expériences à l'international pour les hauts potentiels. Pratiques plus standardisées et homogènes. Possibilité de transférer des compétences.	Difficulté d'adaptation à la nouvelle culture (conflits culturels). Décalage des pratiques managériales avec les spécificités locales. Coûts salariaux plus importants et risque d'iniquité salariale perçu par les salariés locaux. Risque de démotivation des salariés locaux (plafonnement, discrimination).
Recourir à des collaborateurs d'un pays tiers	
Avantages	**Inconvénients**
Moindres coûts salariaux. Meilleures connaissances de la culture du groupe.	Refus de retourner dans son pays d'origine après l'expatriation. Conflits culturels renforcés. Blocage politique de la part du pays d'accueil. Complexité de la mise en œuvre du contrat de travail : quel pays prendre en compte ? Quels types de couvertures prévues ?

Dans le tableau 2.2, il est proposé de préciser les avantages et inconvénients de recourir aux trois principaux types de population que l'entreprise peut utiliser lorsqu'elle s'implante à l'étranger. Il apparaît que le choix de répartition des effectifs entre ces trois populations est une décision stratégique importante que doit prendre la DRH de l'entreprise.

La gestion des salariés expatriés représente aujourd'hui une part importante de la fonction des responsables de mobilité internationale. Cependant, les pratiques des entreprises depuis quelques années se modifient. En effet, l'accélération du développement à l'international depuis 2000 pousse les grandes entreprises à privilégier les recrutements locaux pour des raisons managériales (plus grande proximité avec le client, compréhension culturelle du pays, capacité à négocier les conditions commerciales, connaissance des réseaux locaux...).

Le modèle de l'expatrié n'est pas pour autant remis en cause mais il s'inscrit dans de nouvelles logiques que nous allons étudier.

2.3 Les causes d'envoi d'un salarié à l'étranger

Quatre principales finalités de l'expatriation sont généralement mises en avant par les entreprises.

- Le transfert de compétences, de savoir-faire et de technicité : l'expatriation est un moyen de pallier le manque de compétences locales et de former les successeurs locaux. Ce type de mobilité technique est en réduction. En revanche, on constate une augmentation des mouvements des filiales à l'étranger vers la maison mère et des mouvements entre les filiales. Comme l'indique Pautrot *et al.* (2004, p. 192) : « Le schéma ancien fondé sur un transfert systématique de technologie de la maison mère vers les filiales associé à une mobilité de la maison mère vers les filiales, a vécu. Aujourd'hui, les mobilités d'experts au sein d'un groupe n'ont plus d'orientations privilégiées, leur but est de satisfaire les besoins d'expertise. Ces mouvements relèvent d'une gestion globale des expertises au niveau du groupe. »
- Le contrôle des opérations à l'étranger et la mise en place d'une gouvernance groupe : cette mobilité concerne surtout des fonctions de management, de finance et de contrôle de gestion. Il s'agit de donner une identité managériale au groupe et d'internationaliser les organes de décision (Pautrot *et al.*, 2004). En particulier, les expatriés sont

envoyés par le siège pour s'assurer que la filiale étrangère se comporte comme il se doit (respect des règles, stratégie respectée, contrôle des résultats, bonne maîtrise des modalités de reporting…) et harmoniser les pratiques.

- La diffusion de valeurs communes
- Les expatriés sont les porteurs de la culture de l'entreprise. À ce titre, ils constituent des référents ayant adopté les bonnes pratiques que les salariés locaux peuvent observer et chercher à reproduire.
- L'intégration du passage à l'international comme itinéraire de carrière. Une expérience à l'international est perçue comme une étape dans le parcours de certains collaborateurs et un moyen de les développer (mise en situation dans un contexte interculturel) et de les tester (évaluer la capacité du manager à relever le challenge).

Focus

Les motifs d'expatriation

Dans une étude récente, le cabinet Towers Watson montre que pour 87 % des multinationales, la raison la plus souvent à l'origine des affectations internationales est l'expansion à l'étranger, suivie par le transfert de connaissances (65 %), et le développement de carrière (47 %).

Source : Enquête « *A Global Talent Mobility* », cabinet Towers Watson et l'association Worldwide ERC, AEF, 16 octobre 2012.

Les quatre motifs d'expatriation que nous venons de développer peuvent bien évidemment se combiner au cours d'une même expatriation. En effet, un expatrié peut être nommé à la direction d'une nouvelle filiale afin d'harmoniser les pratiques et de diffuser la culture d'entreprise. Cela peut aussi permettre au groupe d'évaluer dans le même temps les compétences managériales de l'expatrié afin d'évaluer sa capacité (potentiel) à occuper dans le futur un poste de direction au siège social.

Suite à notre analyse, trois remarques peuvent en être tirées :

- les entreprises ont aujourd'hui surtout recours à l'expatriation pour des postes stratégiques. Les autres postes sont davantage confiés à des contrats locaux ;
- bien que la mobilité puisse prendre diverses formes, l'expatriation reste nécessaire dans de nombreux cas, car elle implique une présence physique et durable localement ; certains secteurs ont toujours beaucoup recours aux expatriés, comme les entreprises de construction et les firmes pétrolières, sans doute en raison du fort niveau de qualification de ces emplois et de la nécessité d'avoir une présence permanente sur place ;
- les expatriés ne sont plus seulement français, mais aussi internationaux ; sous l'effet de la mondialisation des marchés, les entreprises ont de plus en plus la nécessité de se créer un vivier interne de profils internationaux afin de pouvoir encadrer des salariés de cultures diversifiées.

Avis d'expert

Check-list d'actions à réaliser par le service RH International lors d'une implantation à l'étranger

Par Jennifer Quinot, RRH, Hutchinson

Face à la globalisation des échanges, une entreprise est régulièrement amenée à prendre la décision de s'implanter dans un pays étranger (Chine, Brésil, pays de l'Est...). Bien souvent, cette implantation nécessite l'envoi d'un ou plusieurs salariés à l'étranger. Généralement, deux options sont privilégiées :

- soit un salarié est détaché en mission pour des RDV commerciaux (durée courte car soumis à la législation du pays visé) ;
- soit il est envoyé en expatriation sur une période plus longue pour créer un bureau de représentation commercial voire même créer une structure juridique plus complexe (une entreprise).

☞

☞

Afin de préparer cet envoi à l'étranger, un service RH International (SRHI) doit réaliser les huit actions suivantes. Il s'agit d'anticiper les risques (sécuritaire, politique, environnementaux), d'évaluer la durée des démarches administratives et de dresser les principales spécificités culturelles favorisant une intégration rapide de l'expatrié et à sa famille dans la culture locale et dans sa mission.

- Réaliser une analyse macroéconomique succincte, afin de cerner la nature des risques « pays », en s'appuyant sur des données quantitatives et qualitatives, telles que la stabilité politique, économique et financière ainsi que l'état des relations diplomatiques entretenues entre la France et le pays visé.
- Vérifier l'existence ou non d'une convention bilatérale de sécurité sociale et d'une convention bilatérale fiscale sur les revenus des personnes physiques ainsi que leurs conditions d'exécution.
- Étudier les possibilités de contrats : expatriation ou détachement, selon la durée totale envisagée
- Analyser le différentiel de niveau de vie à travers des indices du coût de la vie fournis par des organismes spécialisés : le prix des loyers, les prix à la consommation... afin de déterminer le montant des indemnités à allouer au salarié compte tenu aussi de sa situation de famille (marié ou non, avec ou sans enfant).
- Effectuer les démarches pour l'obtention des visas de travail et de séjour pour l'expatrié et sa famille et fournir tous les documents nécessaires à l'établissement du dossier.
- Caractériser les pratiques culturelles pour comprendre les valeurs et éviter des malentendus.
- Évaluer le marché du travail et la qualité de la main-d'œuvre.
- Dresser un rétroplanning des tâches à accomplir dès lors que l'identité du futur expatrié est connue.

Focus

Le VIE en pratique

Le VIE (Volontariat International en Entreprise) est une formule qui permet à une entreprise d'envoyer des jeunes diplômés à l'étranger, pour y occuper des postes dans les filiales, dans le cadre de contrats gérés par Ubifrance, une association sous la tutelle du secrétaire d'État chargé du Commerce extérieur.

Le VIE est de plus en plus utilisé dans les entreprises pour différentes missions, telles que : études de marchés, prospection, renforcement d'équipes locales, accompagnement d'un contrat, participation à la création d'une structure locale, animation d'un réseau de distribution, support technique d'un agent, etc.

Tableau 2.3 – Informations pratiques sur le VIE

Comment l'entreprise procède pour mettre en place un VIE ?	Informations complémentaires
• **Contacter** les services d'Ubifrance par téléphone ou par email pour créer votre compte. • http://www.ubifrance.fr/formule-vie/recruter-un-vie.html • **Définir** votre projet d'affectation (durée, contenu de la mission, pays d'affectation, structure d'accueil du volontaire) • **Déposer** une demande d'agrément qui sera visée par UBIFRANCE et la Direction générale du Trésor et de la politique économique • **Chercher** les candidats dans la CV-thèque ou réceptionner les candidatures • **Organiser** les entretiens et sélectionner le candidat • **Contacter** Ubifrance pour la gestion administrative du contrat, etc.	**Avantages** • *Pour l'entreprise* : permet d'évaluer le volontaire pour un futur recrutement et de dénicher des talents • *Pour la filiale* : répondre efficacement et de manière optimale à des besoins de salariés • *Pour le volontaire* : acquérir une expérience professionnelle et de vie à l'étranger **Durée** De 6 à 24 mois (renouvelable une fois dans la limite cumulée de 24 mois) **Qui peut devenir volontaire ?** Les femmes et les hommes : • Âgés de 18 à 28 ans • De nationalité française ou ressortissant de l'Espace Économique Européen (UE + Norvège, Islande, Liechtenstein) • En règle avec les obligations de service national de leur pays **Combien ça coûte ?** Indemnité mensuelle : de 1 300 € à 3 700 € Frais mensuel de protection sociale : de 210 à 407 € Frais de voyage (1 par an) Frais de logement ou indemnité

☞

☞

Important	Important
• L'entreprise d'accueil s'occupe de la demande de visa et du déménagement • Ubifrance gère la réservation du billet d'avion • Les entreprises peuvent parfois bénéficier d'aides subventionnelles pour le VIE	Avant de partir dans le pays d'affectation, le volontaire devra obligatoirement assister à une journée d'intégration organisée par Ubifrance pour les informer sur la protection sociale, le VIE et les règles de sécurité

Section 2 LES DIFFÉRENTES ÉTAPES DANS LA GESTION DES EXPATRIÉS

L'expatriation reste un processus central de la gestion internationale des ressources humaines, comme en témoignent les perspectives récentes (cf. focus ci-dessous).

Focus

Les perspectives concernant l'expatriation en 2013-2015

« Près de la moitié des multinationales (45 %) s'attendent à une augmentation des expatriations en 2013 et 2014 contre seulement 18 % qui anticipent une diminution des affectations d'expatriés. Néanmoins, les multinationales s'interrogent sur le coût de l'expatriation (69 % considèrent que les coûts prohibitifs de l'expatriation représentent un défi majeur). Environ deux tiers des sociétés déclarent dépenser approximativement deux à trois fois le salaire annuel de l'expatrié pour chaque affectation d'expatrié traditionnelle. Malgré leur coût, les affectations d'expatriés « traditionnelles » restent dominantes : 53 % des affectations internationales sont traditionnelles, suivies des affectations de court terme, qui représentent 18 % des mutations à l'étranger. À l'heure actuelle, les contrats locaux sont les moins prisés (7 %), même si, en pratique, la crise financière mondiale a poussé un nombre grandissant d'organisations à introduire ou à envisager une politique officielle de localisation visant à faire sortir les personnes en affectation du statut d'expatrié traditionnel.

☞

☞

L'enquête ECA International confirme cette tendance. Elle montre qu'environ 65 % des entreprises prévoient une augmentation du nombre de leurs expatriés à horizon 2015. Néanmoins, environ 80 % des entreprises interrogées estiment qu'il est difficile d'expatrier des personnes qualifiées, capables de s'adapter à des environnements de travail et des cultures différentes. Cela reste le principal défi pour les entreprises ». L'étude révèle également une tendance à la multiplication du nombre de missions au cours d'une même carrière. Ainsi, 42 % des entreprises « pensent qu'à l'avenir, plusieurs missions seront proposées aux candidats à l'expatriation », contre 32 % seulement qui pensent qu'une seule mission à l'étranger restera la norme.

Sources : Enquête « A Global Talent Mobility » cabinet Towers Watson et l'association Worldwide ERC, AEF, 16 octobre 2012 ; Expatriation (2013-2015) ECA International, 2012, AEF, octobre 2012.

Concrètement, on distingue différentes étapes dans la gestion des expatriés. Nous allons les étudier successivement dans un ordre chronologique.

1 La sélection des expatriés

L'envoi d'un salarié à l'étranger (surtout dans des pays éloignés aux spécificités culturelles éloignées du pays d'origine) n'est pas sans risque. Ainsi, selon Halcrow (1999), la qualité du processus de sélection des expatriés est le principal critère de réussite de la mission ultérieure.

Une étude menée sur un échantillon important d'entreprises internationales (UMIST/CBI/CIB, 1995) préconise les cinq recommandations que nous allons détailler maintenant.

- **Réaliser une analyse détaillée de l'emploi à pourvoir, établir une fiche de poste précise et bien identifier le contexte de l'expatriation (1)**. En général, une fiche de poste est composée de plusieurs rubriques qui vont varier selon les entreprises. Idéalement, elle devrait comprendre douze rubriques, nombreuses et détaillées qui doivent permettre de répondre aux questions fondamentales que l'on peut se poser sur un emploi (par exemple : pourquoi existe-t-il ? de quels moyens dispose-t-il ? quelle est son autonomie de décision ? quels sont les problèmes principaux ? quels sont les leviers de performance ?) :

- intitulé de l'emploi (dénomination) ;
- historique (nom précédent, etc.) ;
- position dans l'entreprise : le niveau hiérarchique, la place dans l'organigramme et le numéro dans la classification ;
- missions : on va distinguer les missions principales et secondaires avec une répartition du temps entre les différentes missions. Il s'agit en fait de situer le poste dans la réalisation des objectifs de l'entreprise ;
- principales tâches du poste et articulation entre elles : nature et description de chaque tâche avec si possible, la durée, la périodicité, les objectifs assignés et les standards à respecter pour les réaliser efficacement ;
- niveau d'autorité et de responsabilité : dans cette rubrique, peut figurer le type de décisions pouvant être prises sans en référer à un supérieur hiérarchique, les résultats dont le salarié est tenu pour responsable, le montant du budget éventuel à gérer, le nombre de subordonnés encadrés directement, indirectement ou encore le degré d'autonomie laissé au titulaire du poste ;
- principales difficultés du poste ;
- environnement de travail : on va préciser toutes les informations concernant les conditions de travail du salarié à savoir : la localisation de l'emploi, l'importance des déplacements, les horaires de travail, la charge de travail, l'ambiance matérielle du poste avec les différentes nuisances possibles, les contre-indications médicales associées à l'emploi ;
- principaux critères d'évaluation et niveau de rémunération : dans cette rubrique, on précise la rémunération de base de l'emploi ainsi que la fourchette et la structure de rémunération (base, primes, intéressements) qui dépendent de la comparaison des performances du salarié aux critères d'évaluation fixés pour l'emploi. On indique aussi les avantages sociaux et le statut du titulaire de l'emploi ;
- relations internes : il s'agit de préciser les individus avec lesquels le titulaire du poste interagit dans le cadre de son travail et notamment ses supérieurs hiérarchiques ;

– qualifications requises : diplôme, expérience professionnelle…
– évolution du poste : cela revient à préciser les exigences d'aménagement et de perfectionnement du poste à court, moyen et long terme ainsi que les évolutions ultérieures souhaitées ou possibles.

• **Définir des critères de sélection précis et en adéquation avec la fiche de poste (2).** À ce titre, on peut envisager cinq critères de sélection générique d'une expatriation.
  – Les compétences techniques (critère essentiel) : c'est toujours le premier critère de sélection dans les entreprises. Le choix d'un salarié est effectué en fonction de sa capacité à accomplir les missions qui lui seront assignées. Cela est d'autant plus vrai que comme nous l'avons vu, l'une des raisons les plus courantes d'une mobilité internationale est de combler une absence de compétences locales et d'être en mesure de les transférer.
  – Les compétences interculturelles et la personnalité (critère essentiel) : la personnalité du salarié est le deuxième critère de sélection. Au-delà de ses compétences techniques, il doit être capable de s'adapter au contexte local (ouverture interculturelle). Ainsi Caliguiri (1999) a montré que des traits de personnalité tels que l'estime de soi, la gestion du stress, la relation à l'autre, l'extraversion ou la stabilité émotionnelle avaient une influence sur la performance future de l'expatrié et sa capacité à aller au terme de sa mission. Cerdin (2002) met en avant deux qualités supplémentaires : « le non-retrait dans des zones de stabilité : être capable de faire face au stress engendré par un nouveau milieu sans se replier sur soi » et « la capacité de substitution qui consiste à pouvoir remplacer ce qui était disponible dans le pays d'origine et ne l'est plus dans le pays d'accueil ». Afin d'étudier la personnalité des candidats, il n'est pas rare d'utiliser des outils issus du monde anglo-saxon, tels que les *assessment centers* (centres d'évaluation) ou encore les tests psychométriques (Insight, MBTI, etc.).
  – Les contraintes légales définies par le pays (critère nécessaire) : ce critère est moins important que les deux premiers. Il est cependant nécessaire que l'entreprise s'assure que le salarié choisi soit en situation (nationalité…) d'obtenir un permis de travail et un visa d'entrée dans le pays choisi.
  – Le niveau de maîtrise linguistique (critère nécessaire) : si l'anglais devient un critère de recrutement essentiel dans les multinatio-

nales, la maîtrise de l'anglais n'est pas toujours un critère essentiel pour choisir les candidats à l'expatriation dans la mesure où, via des formations en langues intensives (logique d'immersion), il est facile de compenser ce handicap.

- Les attentes de l'entreprise : les critères de sélection sont aussi fixés par les spécificités de l'expatriation (durée, niveau de compétences nécessaires, mode d'organisation du travail, degré de sécurité dans le pays, éloignement, climat...). Ainsi, au cas par cas, les critères de recrutement peuvent varier et déterminer des profils types en termes d'âge, d'expérience, de niveau de formation ou de santé physique.

• Le choix d'affecter un cadre à l'international est donc rarement le fruit du hasard. Il s'appuie sur des critères de sélection précis et stricts, comme le montre la figure suivante.

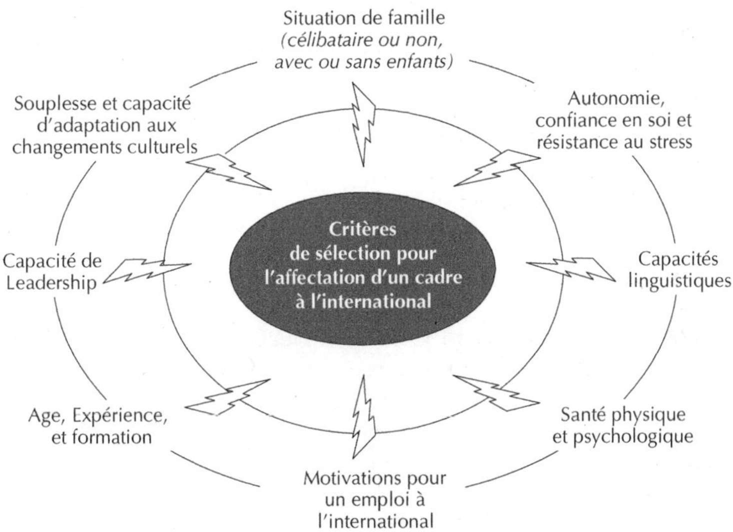

Figure 2.1 – Les critères de sélection des expatriés

• **Diffuser le poste à pourvoir aussi bien en interne (via le SIRH) qu'en externe (3).** Il s'agit là de générer le plus grand nombre possible de candidatures pour constituer un vivier.

• **Utiliser des méthodes de sélection multiples, appropriées et ayant une validité scientifique doivent être utilisées (4).** On distingue notamment les entretiens structurés, les tests psychométriques et les centres d'évaluation.

- **Prendre en compte la situation familiale, et notamment celle du conjoint (5).**

Ainsi, il vaut mieux proposer une expatriation à un collaborateur dont la situation familiale est « compatible » avec une mobilité internationale.

Ainsi, comme l'indiquent Perkins et Shortland (2006), à la fin du processus de sélection, le futur expatrié doit avoir une bonne compréhension :

– de son emploi (rôles, moyens et objectifs attendus) ;
– du contexte de sa mission (conditions, nature du contrat...) ;
– de l'impact de cette mission sur ses perspectives de carrière future ;
– du programme de préparation à l'expatriation ;
– de la façon dont d'éventuelles expériences antérieures à l'international pourraient l'aider dans son nouveau rôle.

Focus

Situation familiale des expatriés

Selon une étude menée par TNS Sofres (mai 2005), 69 % des expatriés sont en couple et 36 % d'entre eux ont au moins un enfant. De plus, 65 % des expatriés sont des hommes et 48 % des conjoints travaillent sur place. En conséquence, les entreprises ne peuvent pas se permettre de ne se soucier que de leurs salariés en faisant abstraction de leur entourage. Il leur faut aussi prendre en compte le conjoint pour lequel il faut prévoir soit une compensation financière soit lui trouver un emploi.

7 ans plus tard, (ECA International, 2012), on constate que le profil des expatriés se diversifie (doublement du nombre de femmes expatriées en 7 ans) et que ce phénomène va s'amplifier : « 43 % des entreprises internationales prévoient que la proportion de femmes expatriées continuera d'augmenter au cours des prochaines années. » De même, la proportion de salariés jeunes (moins de 35 ans) et seniors (plus de 50 ans) tend à progresser.

Profils des expatriés

Comme le précise Cerdin (2002), les salariés d'une organisation peuvent se répartir en trois types : « les *non-mobiles inconditionnels*, quelles que soient les circonstances ; les *mobiles conditionnels* en fonction des caractéristiques de la destination ou du moment où pourrait être vécue la mobilité ; et les *mobiles inconditionnels*, quelles que soient les circonstances. »

Il est donc important de comprendre le profil des expatriés et notamment leurs motivations.

Motivations

Afin de mieux cerner les candidats à la mobilité, le tableau 2.4 recense, à partir de différents travaux théoriques, les motivations majeures liées à l'acceptation d'une expatriation par les salariés.

Malgré les divergences constatées[1], les résultats des études présentées dans le tableau 2.4 font ressortir trois principales motivations communes pour les salariés à accepter une expatriation :

- le désir d'une nouvelle expérience, d'un enrichissement culturel à vivre dans un autre pays ;
- une rémunération plus importante liée à l'affectation. En effet, même si les packages financiers ont été revus à la baisse, l'expatriation se traduit encore souvent par une augmentation du niveau de vie (primes d'expatriation, avantages en nature : voiture, logement…) ;
- une promotion immédiate ou future.

1. Les différences entre les études présentées dans le tableau peuvent s'expliquer par les destinations étudiées (Europe/monde entier), les populations examinées (nationalité, statut…) et la nature des questions posées (nombre, différence de rédaction…).

Tableau 2.4 – Motivations salariales liées à l'expatriation

Classement des motivations salariales pour accepter une expatriation	Törbiorn, 1976	Borg, 1988	Bournois, 1991	Cerdin, 2001
Population interrogée / Motivations salariales	Responsables RH sur le point de poser sa candidature ou d'accepter une mobilité	Cadres ayant posé ou accepté une expatriation	Cadres expatriés en Europe du groupe Rhône-Poulenc	Cadres expatriés toutes zones[1]0
A. Désir de nouvelles expériences – enrichissement culturel	3e position	1re position (96 %)	2e position (21 %)	1re position (75,3 %)
B. Meilleures conditions économiques à l'étranger – rémunération	1re position	2e position	4e position (10 %)	3e position (37,8 %)
C. Évolution de carrière – Promotion immédiate	2e position	3e position	3e position (14 %)	4e position (18,3 %)
D. Évolution de carrière – Promotion future espérée	4e position	4e position	1re position (52 %)	2e position (49,8 %)
E. Progresser dans son domaine	6e position	5e position		
F. Échapper à des problèmes personnels	8e position	6e position		6e position (6.2 %)
G. Insatisfaction des conditions en vigueur dans le pays d'origine	5e position	7e position		5e position (16,2 %)
H. Plafonnement de carrière	7e position	8e position		

Dans l'étude de Jean-Luc Cerdin, « le désir de changement » est présent chez 77,7 %. Nous ne l'avons volontairement pas intégré dans le tableau car nous considérons qu'il s'agit d'un item trop imprécis et général pouvant regrouper tout aussi bien des motifs positifs que négatifs. L'auteur écrit d'ailleurs « le désir de changement, par son caractère général, recouvre les autres motifs, ce qui peut expliquer son classement en première position ». Les items ont donc été avancés d'une place au sein de notre tableau.

Freins à l'expatriation

La moitié des entreprises avouent avoir de plus en plus de difficultés à trouver des candidats pour l'international. 86 % sont même confrontées à des refus (Harvey, 1996). Il est donc important de s'intéresser aux freins[1] potentiels à l'expatriation.

Bournois (1991) identifie quatre principaux freins à la mobilité internationale :

- le conjoint est le premier frein identifié (54 %) en raison notamment de la nécessité de préserver sa carrière professionnelle (concept de carrière duale) ;
- l'incertitude professionnelle liée au retour fait aussi redouter le départ à l'étranger (38 %) ;
- la scolarisation des enfants est la troisième raison invoquée (37 %)[2] ;
- enfin, les langues représentent un frein pour 17 % des expatriés interrogés.

Ces résultats sont confortés par de nombreuses études (NZKK[3], 1989 ; CESMA MBA-ESC Lyon[4], 1990 ; Weeks, 1993 ; Brett et Stroh, 1995 ; Harvey, 1996 ; PWC, 1999 ; National Foreign Trade Council, 2000 ; Windham Consultants, 2000 ; Cerdin, 2001 ; KPMG, 2003 ; ECA, 2004 ; IME, 2004) qui arrivent à des résultats similaires sur une population d'expatriés français ou étranger en classant la famille comme premier frein à l'expatriation.

1. Les freins ne conduisent pas nécessairement au refus de l'expatriation, mais ils peuvent toutefois avoir des répercussions néfastes sur le déroulement de l'expatriation.

2. Dans les études les plus récentes, le facteur linguistique n'apparaît plus dans les raisons justifiant un refus de l'expatriation. À cet effet, Cerdin (2001) montre que les personnes dont le niveau est faible ou moyen (56 % de l'échantillon) n'ont pas été freinées pour partir.

3. Nihon Zaigai Kigyo Kyokai, « International Human Resource Policies and Practises in Japanase, European and United States Multinationals », 1989.

4. OMI, Expatriation Actualité, 1991.

Focus

Les freins à l'expatriation en 2012

Les trois principaux freins à la mobilité internationale selon ECA international restent en 2012 « la carrière du conjoint, les études des enfants et les évolutions de carrière ». Face à cette problématique, les entreprises recourent de plus en plus aux missions courtes (40 %) et mettent en place « une assistance dédiée aux conjoints » (59 %). « Cette forme d'aide doit être soigneusement gérée, non seulement pour assurer l'équité des traitements entre tous les employés, mais aussi pour garantir des coûts de mission acceptables. »

Source : ECA International 2012

Au vu de la littérature, nous pouvons donc identifier et classer par catégorie les freins à l'expatriation qui peuvent conduire à des refus de s'expatrier (*cf.* tableau 2.5).

Tableau 2.5 – Les types de freins à l'expatriation

Types de refus	Caractéristiques
Famille	Non-désir du conjoint (raison hors travail). Travail ou carrière du conjoint. Scolarisation des enfants.
Carrière	Peur du retour. Absence d'intérêt perçu.
Environnement social	Refus de rompre les liens affectifs (amis, famille, maison, etc.).
Langues	Manque de maîtrise.

2 La préparation des expatriés à leur future mission

L'expatriation nécessite de préparer les collaborateurs pour faciliter leur intégration et réduire le risque de « choc culturel »[1] qui peut être une source d'échecs des missions internationales. La fonction RH

1. On entend par « choc culturel » la disparition des points de repères culturels habituels qui conduit à idéaliser le pays d'origine et à stigmatiser les comportements ou les pratiques du pays d'accueil qui s'éloignent trop fortement des normes habituelles de l'expatrié, rendant difficile l'adaptation de ce dernier.

doit concevoir les modalités de cette préparation en tenant compte d'éléments tels que l'expérience internationale du collaborateur, le pays d'affectation, le futur poste occupé…

On distingue généralement cinq types de formation.

2.1 Les formations sur les spécificités du pays d'affectation

Les initiations sont les modalités de formation les plus faciles à organiser. Il s'agit de donner à l'expatrié et à sa famille des présentations factuelles du pays d'accueil où il va se rendre et de le décoder de manière anticipée. Ces présentations comprennent généralement les informations suivantes :

- géographie et histoire du pays ;
- infrastructures disponibles (transports, communication…) ;
- environnement politique et économique ;
- conditions de travail ;
- conditions de vie (coût de la vie…) ;
- spécificité de la vie d'expatrié ;
- conditions de scolarisation (options pour les enfants) ;
- comportements, coutumes, sensibilisation aux codes sociaux ;
- conditions de logement (coût des loyers, modalités, types de logement…) ;
- marché du travail ;
- sécurité (niveau de stabilité politique, violence urbaine, risque terroriste…).

L'objectif de ces initiations est de donner le plus d'informations pratiques à l'expatrié. Il s'agit d'aller au-delà d'un guide touristique classique en rentrant dans le détail. Pour cela, ces présentations peuvent s'appuyer sur des retours d'expériences d'expatriés. Il doit permettre aussi de préciser les objets et affaires que la famille (ou l'expatrié célibataire) doivent emporter avec eux et ceux qu'il est préférable d'acheter sur place.

En général, ces journées de formation durent de 1 à 3 journées et sont complétées par des ouvrages, des vidéos ou des supports d'informations.

2.2 Les voyages de pré-affectation

Un *voyage exploratoire de pré-affectation* de quelques jours est souvent envisagé afin de permettre à l'expatrié de pouvoir découvrir son futur environnement de travail et de vie et, avec son conjoint, de prendre des informations pratiques et accomplir des formalités locales (inscription scolaire, visite de logements via parfois un cabinet de relocation, formalités administratives…). Ces voyages sont aussi un moyen de permettre à l'expatrié de valider son désir de mobilité internationale dans le pays d'accueil. Ainsi, le voyage joue à la fois un rôle dans le processus de sélection et dans le processus de formation.

La visite permettra à l'expatrié de se familiariser avec la culture locale et de s'en faire une impression personnelle. Ces voyages durent en général une semaine. Ils comprennent :

- des visites de logements et d'écoles avec des consultants locaux ;
- des réunions de travail pour acquérir une expérience de la culture organisationnelle ;
- des entretiens d'embauche pour les conjoints de l'expatrié.

La visite est aussi un moyen de mettre en application les informations obtenues lors de la formation et de vérifier leur pertinence.

2.3 Les formations interculturelles[1]

La fonction RH peut aussi recourir aux formations à l'interculturel. Une préparation et une formation interculturelle ont notamment comme objectif de réduire l'incertitude pour faciliter l'adaptation et rendre le salarié opérationnel plus rapidement. Elle permet aussi de :

- clarifier les objectifs de cette expatriation, et de définir un plan d'action personnel, professionnel et familial ;
- se préparer aux différentes phases d'une adaptation internationale, et acquérir de la confiance, de l'autonomie, et donc, plus d'efficacité ;
- identifier et comprendre les points de repères de la culture du pays d'accueil, et les attentes en termes de comportements et de valeurs ;
- développer et parfaire la compétence en communication pour dépasser les différences.

1. *Cf.* chapitre 3.

Focus

Quelles sont les modalités de départ pour le conjoint d'expatrié ?

Les modalités de départ dépendent de la situation professionnelle du conjoint avant le départ et de son choix de continuer une activité ou non pendant la mission à l'étranger.

Dans l'éventualité où le conjoint travaille en France avant le départ à l'étranger et qu'il voudrait retrouver un travail ou bénéficier de droits aux allocations chômage au retour, il existe 2 possibilités contractuelles :

Démission pour motif légitime

Le conjoint doit rédiger une lettre en envoi recommandé à son employeur pour lui faire part de sa décision de quitter son emploi.

- But : elle permet au conjoint de bénéficier d'allocations chômage lors du retour en France (sous certaines conditions). Les dispositions propres au régime d'assurance chômage français permettent de préserver les droits à allocations chômage durant un délai de 4 ans à compter de la date de cessation de l'activité française du conjoint (arrêté du 4 janvier 1994).
- Gestion du retour : le retour et l'inscription comme demandeur d'emploi au Pôle emploi de votre domicile doivent impérativement intervenir dans les 4 ans suivant la fin des fonctions, exercées en France, du conjoint démissionnaire. Au retour, plusieurs documents sont à présenter à Pôle emploi :
  - lettre de démission motivée ;
  - documents justifiant de l'activité du conjoint à l'étranger (contrat de travail, bulletins de salaire) ;
  - preuve de la résidence commune à l'étranger. Si vous êtes en congé maternité, Pôle emploi accepte de qualifier de légitime la démission qui intervient à la fin de l'arrêt déjà ouvert lors du départ du conjoint à l'étranger. Pour aller plus loin : http://www.diplomatie.gouv.fr

Congé parental d'éducation

C'est un droit qui peut être une alternative à la démission.

- But : à l'issue du congé parental d'éducation, le conjoint retrouve son emploi précédent ou un emploi similaire assorti d'une rémunération équivalente.

☞

☞

- Conditions : à la suite d'une naissance ou d'une adoption d'un enfant de moins de 16 ans et à condition de justifier d'au moins 1 an d'ancienneté dans l'entreprise, le conjoint peut en faire la demande pendant 3 ans (la durée initiale est d'un an et peut être renouvelée 2 fois). Pour aller plus loin : http://travail-emploi.gouv.fr

Cas d'entreprise

Le cas Essilor (formation interculturelle, formation pour le conjoint et formation linguistique)

Essilor a mis en place une formation à l'interculturel pour ses expatriés. Elle vise deux objectifs : d'une part rendre opérationnel le plus tôt possible le salarié dans son nouvel environnement et d'autre part, associer le conjoint et les enfants au projet d'expatriation.

La formation comprend six thèmes :

- la géopolitique, l'histoire, les religions et philosophies ;
- l'environnement culturel et les usages ;
- l'environnement des affaires ;
- les relations et les pratiques professionnelles ;
- les techniques de communication et de négociation ;
- la vie pratique : langage, logement, éducation, achats, santé, loisirs, déplacements.

La formation se fait par famille sur deux jours dans les locaux d'Essilor. Un module spécial d'une demi-journée pour les enfants est aussi proposé. Chaque formation est « sur-mesure ». Le prestataire se voit communiquer le pays et la ville dans laquelle vont vivre le salarié et sa famille ainsi que des thèmes spécifiques voulus par les salariés et abordés lors de cette formation.

De plus, Essilor prévoit une formation d'une journée dédiée spécifiquement aux conjoints des expatriés (par groupe de huit). L'inscription à cette formation se fait directement sur leur site Internet. Lors du premier contact, il est demandé au futur expatrié, de bien vouloir proposer à son épouse (ou époux) de choisir une date pour ce stage.

☞

☞

Les objectifs de cette formation sont de :
- découvrir l'expatriation et ses facettes ;
- partir avec un projet, des pistes et des objectifs en fonction de sa propre personnalité, de sa famille, du lieu d'expatriation et des conditions de vie du pays d'accueil ;
- trouver les informations pratiques en vue de faciliter l'organisation du départ et l'adaptation dans le pays d'accueil ;
- partir rassurée, motivée, et actrice de sa propre expatriation.

La formation comprend une présentation des stagiaires, de leurs questions et de leurs attentes, la projection du film Interviews d'expatriés, une analyse de leurs propres motivations et de leurs craintes, et la présentation d'une méthodologie pour bâtir le projet personnel (priorités...) avant le départ.

À la fin de chaque session, le prestataire envoie un compte rendu de la journée et une copie de la fiche de satisfaction à l'entreprise.

Chaque conjoint(e) se verra offrir en fin de stage un abonnement d'un an au site Internet d'accompagnement, d'information et de communication et un classeur avec des fiches pratiques.

Elles peuvent aussi être complétées par des formations à distance (e-learning) qui permettent en amont de la formation, de compléter un questionnaire d'évaluation pour connaître le profil du salarié et de son conjoint dans un contexte interculturel afin de personnaliser la session, et pendant la formation d'obtenir des informations concrètes sur le pays d'accueil.

Après le départ de l'expatrié, la majorité des organismes de formation spécialisés dans l'acculturation sont à même de mettre en place un suivi avec le consultant qui a dispensé la formation, par téléphone et par mail pour qu'à tout moment, le salarié puisse échanger sur d'éventuelles difficultés qu'il pourrait rencontrer, ou obtenir des précisions sur des comportements qui lui sont étrangers.

2.4 Les formations linguistiques

Le recours aux *formations linguistiques* (langue du pays d'affectation) est fréquent afin d'acquérir un minimum de compréhension pour pouvoir travailler dans la filiale d'accueil. Il s'agit notamment de maîtriser les mots clés nécessaires à une bonne intégration dans l'environnement professionnel local. L'apprentissage minimal de la langue locale est important (Perkins & Shortland, 2006) puisqu'il permet de développer des liens sociaux avec les habitants du pays d'accueil et de témoigner une volonté de s'intégrer localement.

2.5 Formation à la sécurité

Enfin, une *sensibilisation à la sécurité* (support écrit, formation...) peut être organisée, notamment dans les pays dits « sensibles » (instabilité politique, risques d'attentats...).

3 L'accompagnement logistique, technique et de prévention

Bien souvent, l'entreprise prend en charge les frais de *déménagement* vers le pays d'accueil (via des transporteurs internationaux) et alloue, si nécessaire, un *garde-meubles* pour laisser en France certains effets. Cela nécessite de choisir les partenaires et d'assurer le suivi des prestations. La fonction RH accompagne aussi souvent le salarié pour les questions de *logement*. Il peut alors s'agir de fournir un habitat ou de déterminer un plafond de prise en charge du loyer tenant souvent compte de la taille de la famille et du prix local du marché locatif. Un *cabinet de relocation* peut intervenir pour rechercher un logement sur place puis assister dans les formalités afférentes (administratives, bail, installation de l'électricité, ligne téléphonique...).

Focus

Qu'est-ce qu'une relocation ?

Importé des États-Unis à la fin des années 1970, la relocation regroupe un ensemble de services visant à faciliter l'arrivée ou le départ d'un salarié en situation de mobilité internationale, voire nationale. Le recours à un spécialiste permet à l'entreprise de gagner du temps et d'éviter de développer une expertise sur de multiples pays.

☞

☞

En général, le prestataire de relocation apporte son aide dans la recherche du logement sur les critères du salarié. Il l'accompagne et lui fait bénéficier de sa connaissance du pays d'accueil. La gestion logistique du déménagement est en général totalement prise en charge. Mais la recherche du logement n'est qu'une partie des services de relocation ; en effet, ces services peuvent tout à fait s'étendre au choix d'une école, à la prise en charge des inscriptions nécessaires, et incluent parfois, la recherche d'une nounou, d'un emploi pour le conjoint, une action de formation pratique sur place.

Le service RH doit aussi s'assurer que l'expatrié réalise un *check-up médical* avant son départ (diagnostic préventif, vaccins, conseils par des cabinets spécialisés dans la médecine des voyages). De plus, il doit fixer les règles de suivi (fréquence des visites, lieu...).

Enfin, le service RH a en charge le traitement des questions relatives à la *fiscalité*, à la *protection sociale*[1] et au respect du *droit du travail* local. Il doit acquérir une véritable expertise dans ces domaines, car un incident peut s'avérer dommageable pour l'expatrié et sa famille et coûteux pour l'entreprise.

Le livre blanc réalisé par Aon Hewitt[2] insiste sur l'importance « de prévoir des protocoles de sécurité, de protection et de prévoyance ». Il pointe différents risques tels que le terrorisme, le kidnapping avec demande de rançon, l'instabilité, les problèmes médicaux, les accidents de la circulation, les décès et incapacités de travail ainsi que des pertes au niveau de la retraite. Trois recommandations sont mises en avant par les experts :

- Lors de la phase d'anticipation il faut préparer une politique de gestion des risques de voyage en faisant un inventaire complet, pays par pays, et « mettre en place des procédures et concevoir des plans de gestion de crise.
- Lors de la phase de prévention il faut s'assurer de disposer d'une information à jour pour les expatriés et responsables de la mobilité internationale afin d'être en mesure de prendre les bonnes décisions

1. La plupart des entreprises garantissent à leurs expatriés une protection sociale (frais médicaux, retraite, prévoyance...) au moins équivalente à celle de leur pays d'origine. Il peut s'agir d'assurer la continuité de la couverture ou de compenser par des systèmes privés équivalents.

2. Aon Hewitt, *Le Livre blanc de l'expatriation*, décembre 2011.

au bon moment et de garantir la couverture complète des frais médicaux et le niveau de retraite en bénéficiant des contrats d'assurance appropriés .

- En cas de crise (phase de gestion), l'employeur doit réagir vite et il est préférable que les décisions soient prises par la maison-mère par une personne ayant une vue d'ensemble et étant émotionnellement moins affectée.

Focus

Expatriation et retraite : une problématique mal appréhendée par les salariés

Les trois quarts des assurés (baromètre expatriation) à qui leur entreprise a proposé de travailler quelques années à l'étranger se préoccupent de l'impact de leur expatriation sur leurs droits à la retraite « longtemps après » leur retour, voire jamais pour plus d'un cinquième d'entre eux. Or cela peut réserver quelques surprises. Par exemple, un assuré qui a commencé à travailler très tôt, qui a effectué une partie de sa carrière dans un autre pays européen et qui souhaite bénéficier de la retraite anticipée au titre du dispositif pour carrière longue ne pourra prétendre à la prise en compte des trimestres cotisés dans ce pays européen. Ils seront tous pris en compte pour le calcul de la retraite mais pas dans le cadre du mécanisme de retraite anticipée pour carrière longue.

Source : AEF, 11 juin 2013.

Cas d'entreprise

Le cas Société générale

La société générale compte un effectif de 120 000 collaborateurs répartis dans 77 pays. À ce jour, au niveau du Groupe, 1 200 personnes sont en mobilité internationale. Ainsi, 589 mouvements (départs/retours) ont été gérés en 2006 (+10 % estimés en 2007).

☞

☞

Politique de recrutement

Au sein de l'entreprise, chaque branche choisit ses expatriés et a ses propres conditions d'expatriation. Cependant, depuis 2006, des campagnes via le SIRH (RH online) sont menées pour recruter des candidats à l'expatriation. Le volet expatriation permet au candidat de créer un compte en ligne et d'accéder à un questionnaire d'une dizaine de questions sur son mode de fonctionnement dans le travail et sur son type de management. Ce questionnaire est analysé par un gestionnaire RH et envoyé au responsable hiérarchique qui doit donner son accord pour que le salarié figure dans le vivier des candidats à l'expatriation.

La relocation

Toutes les prestations liées à la relocation sont externalisées via des agences de relocation, et gérées par les services de ressources humaines du pays d'accueil quand il y en a. En ce qui concerne les impatriés, c'est le service GIE (Gestion des impatriés et expatriés) du siège du Groupe qui gère les aspects relocation.

La formation

En janvier 2007, le Groupe Société Générale a lancé un projet contenant plusieurs actions de formation : la formation linguistique, l'acculturation, l'accompagnement du salarié avec des outils tels que l'accès à un elearning, un suivi téléphonique ou par mail, et le management interculturel à destination des managers ou des chefs de projets devant gérer des équipes multiculturelles sur place ou à distance. Une sélection des fournisseurs a permis de constituer une base de données de prestataires gérée par le Groupe, pratiquant des conditions financières négociées, et mise à disposition de l'ensemble du Groupe.

La Société Générale propose une formation « Acculturation » que les expatriés et leur famille peuvent suivre avant leur départ.

Cette formation a des objectifs précis dans plusieurs domaines importants :

- travail sur des exemples concrets de problèmes potentiellement rencontrés et les solutions pour les surmonter ;
- réflexion sur les méthodes de communication interculturelles efficaces ;
- compréhension des comportements « inhabituels » observés, et adaptation de ses propres réactions ;
- l'expatriation proprement dite ;

☞

☞

- actions à mener pour réussir chacune des étapes de son expatriation ;
- compétences interculturelles ;
- analyse des principaux points de discordance entre la culture d'origine et celle du pays d'accueil ;
- réflexion sur les avantages personnels liés à l'expatriation ;
- identification de la façon dont ses propres valeurs peuvent être perçues dans le pays d'accueil.
- les principales différences de la vie courante dans le pays d'accueil (consommation, éducation, transport, loi de police appliquée, loisirs, sécurité, codes sociaux...) et acquisition de l'autonomie nécessaire à la recherche de compléments d'informations ;
- les principales différences de la vie au travail dans le pays d'accueil ;
- identification des problèmes potentiels, et solutions pour les surmonter.

La formation dure une journée en présentiel et un tuteur est disponible ensuite pendant six mois auprès du salarié et de sa famille. Outre le salarié expatrié, sont conviés à cette formation son conjoint et ses enfants de plus de 14 ans. Selon les cas, et les souhaits du salarié, ces formations peuvent être suivies par groupes de 6 à 10 personnes composés de collaborateurs issus de pôles d'activité et de niveaux hiérarchiques différents, ainsi que leurs conjoints et enfants de plus de 14 ans, tous en partance dans un même pays. Cela permet de créer, avant le départ, un réseau qui sera très utile sur place.

Pour les enfants de moins de 14 ans, le Groupe Société générale a choisi un prestataire qui a mis au point un livret d'accompagnement permettant l'expression des éventuelles difficultés rencontrées, la formulation des découvertes d'un nouvel environnement et la compréhension du projet devenu un vrai projet familial.

Les formations interculturelles ont comme objectif pour la Société générale de permettre aux participants d'être capables de :

- mesurer et faire évoluer leur compétence en matière de communication interculturelle ;
- anticiper et gérer les conflits liés à la différence culturelle ;
- s'adapter à leur auditoire en tenant compte de leurs préoccupations et de leur culture ;
- encadrer, conduire et motiver des équipes pluriculturelles ;
- adapter leur style de management ;
- porter et faire partager les valeurs de la Société générale ;
- créer les conditions optimales pour transférer les compétences ;
- favoriser la coopération et l'innovation dans un contexte multiculturel.

4 La réalisation de packages de rémunération

Comme nous l'avons montré précédemment, les avantages financiers proposés aux expatriés sont en constante réduction (logique de rationalisation des coûts). Il n'en demeure pas moins que la politique de rémunération reste un aspect central de la mobilité internationale.

Le package de rémunération d'un expatrié comprend quatre éléments (Cerdin, 2002) :

- Le *salaire*. Il y a une variété de « salaire de référence » que les entreprises peuvent choisir selon leur politique de rémunération pour les expatriés (Wentland, 2003) :
  - le salaire négocié : l'entreprise, dans le cadre d'une négociation, met en place un salaire fruit d'un accord avec le salarié ;
  - le salaire de référence « pays d'origine » : le salaire correspond au montant que le salarié aurait touché s'il était resté en France, ou au salaire brut qu'il percevait avant d'être envoyé à l'étranger. Cela permet au moment du retour, au salarié de rester « positionné » sur le marché de l'emploi français. Cette méthode est fondée sur le principe du « *balance sheet* » ou « égalisation » aussi bien au niveau des impôts, de frais de logement et des biens et services. À partir de différents calculs, l'entreprise est amenée à affecter un différentiel positif (situation plus favorable pour l'expatrié dans le pays d'accueil) ou négatif (mobilité entraînant une perte salariale si rien n'est fait) à l'expatrié. Bournois *et al.* (2007) ont montré que 80 % des entreprises du SFB 120 utilisaient ce mode de rémunération jugé comme plus simple même s'il risque de susciter des jalousies locales (différence de rémunération avec les expatriés de nationalité différente et avec les salariés du pays d'accueil) ;
  - le salaire de référence « pays d'accueil » : le salaire correspond à celui que touche un ressortissant local pour un poste équivalent. Cette méthode est souvent utilisée pour des mobilités vers des pays ayant de faibles différences de niveaux de salaires (Europe occidentale par exemple) ;
  - le salaire de référence « pays tiers » : le salaire correspond à celui touché dans un pays choisi par l'entreprise (le plus souvent, dans le pays où se situe la maison mère du Groupe) ;
  - le salaire de référence « international » : le salaire correspond au montant fixé par l'entreprise pour chaque fonction. Sa mise en

œuvre est très complexe puisqu'elle implique d'élaborer une échelle internationale des salaires, indépendamment du pays d'origine, du pays de destination et de la nationalité du salarié.

- Les *primes d'expatriation*[1] (prime de risque, prime de qualité de vie, prime de distance, prime de mobilité, prime géographique…).
- Les *avantages particuliers* (prime d'employabilité pour le conjoint, soutien scolaire, véhicule[2]…).

Focus

Les cas d'expatriation vers des pays à risque

L'expatriation est particulièrement complexe lorsqu'il s'agit d'envoyer un salarié dans un pays dit à risque. En effet, la mobilité internationale a alors un caractère relativement dissuasif pour l'expatrié et sa famille. Cependant, certaines entreprises de par la nature même de leur activité (forage pétrolier par exemple) sont contraintes d'y envoyer des collaborateurs compétents.

Ainsi, en règle générale, les entreprises prévoient :
– le logement de l'expatrié dans une zone surveillée et protégée ;
– des primes qui peuvent permettre de doubler voire de tripler le salaire du salarié. La prime est fonction du degré de risque du pays. Ainsi, l'entreprise ECA International établit chaque année un classement des 254 villes du monde en fonction de la qualité de vie et des difficultés d'adaptation pour les expatriés. Parmi les dernières villes, figurent en 2007 : Alger (Algérie), Brazzaville (Congo), Dhaka (Bangladesh), Islamabad (Pakistan), Port-au-Prince (Haïti), Bagdad (Irak) ou encore Pyongyang (Corée du nord) ;
– des mesures de sécurité : convoi des salariés sur leur lieu de travail.

1. *Les incitations* font partie de la rémunération lorsqu'elles sont indexées sur le salaire sinon elles sont considérées comme des compléments du package d'expatriation.

2. Une somme pré-définie sera allouée pour la location ou l'achat d'un véhicule, la prise en charge ou non des dépenses d'entretien, d'assurance, de carburant sera prévue dans l'avenant au contrat de travail ou le contrat d'expatriation

Les *différentiels d'égalisation* (différentiel coûts de la vie[1], différentiel logement[2], différentiel fiscal[3], prise en charge du déménagement[4], des voyages[5] et des frais de scolarité[6]).

Exemple – Le classement des niveaux de vie de Hays

Chaque année, le groupe Hays (Global Management Pay Report Overview, décembre 2009) réalise un classement du niveau de vie des cadres expatriés selon le pays (revenus – coût de la vie).
Ce classement permet de constater que l'attractivité des pays varie en fonction du pouvoir budgétaire obtenu par le collaborateur expatrié.

Tableau 2.6 – Index de classement des pays

Rang	Pays	Indice	Rang	Pays	Indice
1	Qatar	316	11	Luxembourg	142
2	Koweït	252	12	Hong Kong	140
3	Émirats Arabes	248	13	Costa Rica	135
4	Unis	228	14	Égypte	128
5	Oman	222	15	Afrique du Sud	122
6	Bahreïn	217	16	Brésil	120
7	Arabie saoudite	158	17	Irlande	119
8	Chili	147	18	Grèce	117
9	Panama	144	19	Suisse	117
10	Roumanie	143	20	Russie	116
	Turquie		***47***	***France***	77

1. Il s'agit d'un pourcentage appliqué au « salaire » (dont la définition varie selon la méthode employée : salaire de base, impôts déduits ou non, etc.). Ce pourcentage est le plus souvent positif. Il peut parfois être négatif, mais, dans ce cas, il est rarement appliqué.

2. Allocation pour un loyer plafonné autorisé. Le paiement dû se fait soit sous la forme d'une indemnité à l'expatrié soit directement par l'entreprise au bailleur. Certains frais directs comme le gaz, l'électricité, les charges sont dédommagés.

3. L'employeur peut prendre en charge tout ou partie des impôts payés à l'étranger. L'avenant au contrat de travail ou au contrat d'expatriation précisera le calcul du montant et les modalités de remboursement. De même, lorsque l'expatriation fait perdre tout droit aux prestations familiales du régime français, l'employeur peut verser une indemnité compensatrice dont les modalités et conditions de versement seront précisées par l'avenant.

4. Limite des volumes admise pour le mobilier, choix libre ou non du déménageur, prise en charge des frais exposés pendant la période d'installation, remboursement du garde-meuble pour le mobilier non déménagé, dépenses de double résidence...

5. Une périodicité et un nombre de voyages pris en charge par l'employeur sera défini ainsi que certaines modalités comme les bénéficiaires, les trajets admis ... (en général, un voyage aller-retour par an est offert).

6. Selon la nature des frais (droits de scolarité, livres, fournitures...), internat, demi-pension ou externat, une prise en charge des dépenses exposées seront pris en charge par l'entreprise partiellement ou en totalité.

La fonction RH doit concevoir un « package » global attractif équitable, facteur de motivation et d'implication de son salarié expatrié, tout en respectant des contraintes budgétaires. L'enjeu est ici de définir une politique globale de rémunération internationale tout en tenant compte des spécificités de chaque mission (isolement, qualité réelle de l'enseignement local...).

À ce titre, Wentland (2003) propose un modèle global de fixation du package d'expatriation (*cf.* tableau 2.7) en fonction de deux dimensions sous-estimées par les entreprises :

– le degré de désirabilité ;
– le degré de difficulté de la mobilité internationale proposée.

Tableau 2.7 – Modèle de fixation d'un package salarial

Processus de sélection	Analyse de la mobilité internationale				Package de rémunération recommandé
	Situation 1		Situation 2		**Situation 1 Affectation désirée ou « idéale »**
Processus de recrutement mondial	Risque-Pays	Faible	Risque-Pays	Fort	
Recherche de talent à l'international	Avantage concurrentiel de l'entreprise	Fort	Avantage concurrentiel de l'entreprise	Fort	**Situation 2 Négociation**
	Attractivité du marché local	Fort	Attractivité du marché local	Fort	
Créer des opportunités pour acquérir une expérience internationale	Situation 3		Situation 4		**Situation 3 Challenge** (Localisation + Management par les objectifs)
	Risque-Pays	Faible	Risque-Pays	Fort	
Promouvoir l'expatriation comme préalable à l'accession à des positions de dirigeants	Avantage concurrentiel de l'entreprise	Faible	Avantage concurrentiel de l'entreprise	Faible	**Situation 4 Affectation non désirée** (stratégie de négociation)
	Attractivité du marché local	Fort	Attractivité du marché local	Faible	

D'après Wentland, 2003.

Comme le précise Aubry (2004), l'objectif financier de la rémunération de l'expatrié est de :

– « maintenir au collaborateur un pouvoir d'achat au moins égal à celui qu'il connaissait en France ;
– assurer une protection sociale identique ;
– préserver le pouvoir d'épargne ;
– prendre en compte des sujétions particulières ».

Selon Cerdin, Saint-Onge et Savigny (2000), la politique de rémunération va avoir une incidence sur l'équité perçue par l'ensemble des collaborateurs, les coûts salariaux globaux, la politique de gestion des carrières (incitation au départ, motivation) et sur l'adaptation de l'expatrié dans le pays tiers et lors du retour.

5 Le suivi des expatriés

L'enjeu essentiel de la fonction RH est de ne pas céder devant l'adage « loin des yeux, loin du cœur ». Elle doit trouver des solutions pour résoudre les difficultés liées à la distance de ses expatriés.

Pour ce faire, elle doit adapter et repenser ses outils et pratiques de gestion de carrières à l'international. *L'évaluation des performances* doit continuer à être assurée (entretien annuel…). De plus, certains critères doivent être repensés en tenant compte du nouveau contexte culturel et environnemental (management interculturel…). La fonction RH doit également tenter d'assurer l'*employabilité* de ses expatriés en continuant par exemple à les former dans un contexte international (retour en France avec prise en charge des frais de transport, création de campus locaux ou de formations locales…).

Les expatriés regrettent souvent de ne pas être informés sur l'évolution de l'entreprise et ses priorités. La fonction RH doit s'assurer que les *informations internes* leur parviennent (journaux internes de l'entreprise et du groupe, accès Intranet…) et créer des supports qui leur sont dédiés (journal comprenant les informations clés du siège, les mouvements de personnel…). Ceci facilitera la réintégration des salariés en France.

Lors de son étude, Cerdin (2002) rapporte que le salarié se trouve en situation de stress à l'international et qu'il attend à la fois :

– un support émotionnel qui peut lui être proposé par la nomination d'un parrain[1] localisé au siège de l'entreprise ;
– un support tangible qui se matérialise par une aide directe ;
– un support informationnel.

À ce titre, Oddou (1992) lors d'une enquête auprès de 165 expatriés identifie quatre pratiques jugées efficaces pour les accompagner :

- des contacts réguliers afin d'échanger des informations et discuter de problèmes potentiels ;
- un effort continu pour organiser des activités sociales ;
- une carte privilège d'appel en longue distance pour permettre à l'expatrié de rester en contact avec son cercle familial et amical,
- la nomination d'un tuteur, bien sélectionné pour jouer le rôle d'agent de liaison.

Ainsi, les expatriés insistent fortement sur la nécessité de rester en contact avec le siège et d'être régulièrement informés.

Plus globalement, Cerdin (2002) montre que trois types de support sont corrélés positivement avec l'adaptation :

- le support de l'organisation d'origine (courrier, contacts réguliers, retour, nomination d'un parrain) ;
- le support du supérieur direct dans le pays d'accueil (aide dans le travail, attention hors travail, aide hors travail) ;
- le support des collègues (aide dans le travail, attention hors travail, aide hors travail).

De plus, la mobilité internationale, dans la mesure où elle conduit un salarié à travailler dans un nouveau contexte culturel, n'est pas exempte de risque. Même si les études empiriques témoignent de résultats contrastés[2], la fonction RH doit être extrêmement vigilante notamment les premiers mois de présence à l'étranger du collaborateur.

1. De nombreuses recherches (Feldman et Thomas, 1992 ; Oddou, 1992) ont montré que les expatriés disposant d'un parrain ont plus de chance de réussir leur mission à l'étranger.

2. Certains auteurs (Copeland & Griggs, 1985, Tung, 1988, Adler, 2001) constatent que le retour anticipé d'expatriation concerne de 20 à 35 % des cadres internationaux. À l'inverse, d'autres chercheurs (Forster, 1997 ; Harzing, 2000 ; Dowling & Welch 2004) considèrent que ces chiffres sont surestimés et qu'ils ne prennent pas en compte les spécificités nationales (certains travaux menés dans des entreprises australiennes et des entreprises d'Europe du Nord ont trouvé des chiffres inférieurs à 5 %).

5.1 Les causes d'échec d'une expatriation

En règle générale, l'individu et l'organisation vont analyser le succès ou l'échec de l'expatriation selon des critères différents (Yan, Zhu et Hall, 2002) en distinguant l'évaluation à chaud (durant la mobilité) et à froid (au retour de l'expatrié).

Tableau 2.8 – Les causes d'échec de l'expatriation

		Point de vue	
		De l'individu	De l'organisation
Étape	Expatriation	Performance. Développement de compétences et apprentissage. Satisfaction au travail.	Accomplissement des tâches. Atteintes des objectifs organisationnels clés.
	Retour	Développement continu. Futures affectations intéressantes. Promotion. Accroissement des responsabilités.	Rétention des salariés de retour. Utilisation d'une nouvelle expertise. Transfert d'expertise.

D'après Yan, Zhu et Hall, 2002.

Certains auteurs limitent la notion d'échec aux retours prématurés des expatriations, c'est-à-dire les retours dans le pays d'origine avant le terme prévu des missions, qu'ils soient initiés par les employeurs ou les salariés. D'autres englobent également les missions n'atteignant pas les résultats attendus par l'organisation même si elles sont réalisées totalement. Des indicateurs tels que l'absentéisme ou le fait de quitter son entreprise sont des indicateurs quelquefois pris en compte. De ce fait, les taux d'échecs varient d'une définition à une autre et il est donc parfois difficile de savoir ce qui est exactement mesuré.

En ce qui concerne les expatriés français, Cerdin (1999) estime à 7 % le nombre de salariés en situation d'échec. Ce nombre n'est pas négligeable même s'il est inférieur à celui des études américaines.

Les difficultés d'adaptation des collaborateurs peuvent générer différents types de problème :

- *problème de leadership (ou de positionnement)* au sein de l'entreprise, où l'individu n'arrive pas à s'imposer auprès de ses collègues locaux qui refusent de collaborer « activement » avec lui ;

– *problème de socialisation* vis-à-vis de la population du pays d'accueil, où l'individu ne parvient pas à s'insérer dans l'environnement culturel et social du pays et reste pour l'ensemble de ses interlocuteurs, un véritable « étranger », avec un réel risque de marginalisation ;
– *problème de résistance* (physique, psychologique et culturel) à de nouvelles croyances, valeurs et normes culturelles qui imposent un changement radical dans la façon de gérer l'espace, le temps et ses relations avec les autres.

Tableau 2.9 – Les principaux problèmes d'adaptation des expatriés

Les principaux problèmes d'adaptation	Illustrations
Adaptation au milieu professionnel	– Nature des nouvelles responsabilités et fonctions au sein de la filiale. – Évolution de la répartition des rôles et des tâches entre les acteurs de l'organisation. – Niveau de performance attendue de la part du siège. – Niveau des attentes et revendications du personnel local. – Caractéristiques du climat interne avant et depuis la décision d'expatriation.
Adaptation à l'environnement social et culturel du pays d'accueil	– Degré de sensibilité à la culture du pays. – Degré de capacité à comprendre les codes de conduites de la population locale. – Niveau d'aisance (relationnelle) et d'ouverture à l'égard des acteurs locaux. – Aptitude à gérer l'inconnu et l'incertitude. – Degré de capacité à se remettre en cause.
Adaptation générale	Barrières de la langue, nourriture, logement, coût de la vie, climat, coutumes, scolarisation des enfants, situation du conjoint, loisirs, facilités de déplacement…

D'après Cerdin et Peretti, 2000.

Si ces problèmes existent quel que soit le cadre de l'expatrié, les réponses à apporter se révèlent d'autant plus difficiles, lorsque le cadre en question aborde et analyse sa situation de manière erronée. Plusieurs facteurs peuvent en effet contribuer à transformer une situation normale (bien que délicate) en une position inconfortable, source de frictions et de malentendus.

5.2 L'adaptation de l'expatrié : les différentes étapes de l'adaptation

Les questions liées à l'adaptation de l'expatrié sont centrales dans le cadre d'une GIRH. Au-delà de cas spécifiques qui peuvent varier selon le pays et l'individu, Adler (1983) a montré que les expatriés suivaient souvent un cycle d'adaptation s'assimilant à une courbe en U décomposée en quatre phases.

- La phase du *spectateur* : l'individu se sent étranger à la culture du pays d'accueil à laquelle il est confronté (nouveaux comportements...). Cette première phase est en général vécue de façon positive dans la mesure, bien entendu, où les raisons du choix de l'expatriation le sont également. À ce stade, l'expatrié constate un décalage entre les comportements de sa culture d'origine et d'accueil sans remettre en question son propre système de valeurs.
- La période de *désillusion* : cette phase symbolise des difficultés souvent très concrètes (langue, courrier, vie pratique...) que va devoir surmonter l'expatrié qui nécessite un investissement important de sa part. Cette situation amène souvent des doutes, notamment sur ses capacités à faire face. Le salarié est tenté par une attitude négative par rapport à ce qui l'entoure.
- Le *choc de culture* (Oberg, 1960) : cette troisième phase illustre le fait que l'expatrié a du mal à faire face aux spécificités de la nouvelle culture malgré ses efforts. Il en résulte de la frustration et de la confusion. En effet, le salarié est submergé par des vues, des sons, des odeurs, des comportements différents, et identifie difficilement les changements significatifs et ceux sans importance, pouvant être écartés. Sa vision du monde est brouillée, ce qui peut générer du découragement ou dans certains cas une volonté de mettre fin à cette expérience internationale.
- La phase d'*adaptation* : la croissance de la courbe après la phase du choc de culture correspond au début de l'adaptation véritable de l'individu. Il acquiert progressivement une attitude plus positive durant laquelle il améliore ses connaissances locales.

Black et Mendenhall (1989) ont modélisé une grille légèrement différente qui comporte également quatre phases (*cf.* figure 2.2) : la *lune de miel* (fascination, excitation, engouement) ; la phase de *désillusion* et de frustration (choc de culture) ; l'*adaptation* (adaptation graduelle à la nouvelle culture) ; la *maîtrise* (croissance pas à pas dans la capacité de l'individu à fonctionner efficacement dans la nouvelle culture).

L'expatrié doit être accompagné afin de bien comprendre ces étapes classiques d'un cycle d'adaptation au pays d'accueil afin de réduire l'impact du choc culturel assimilé à un événement normal.

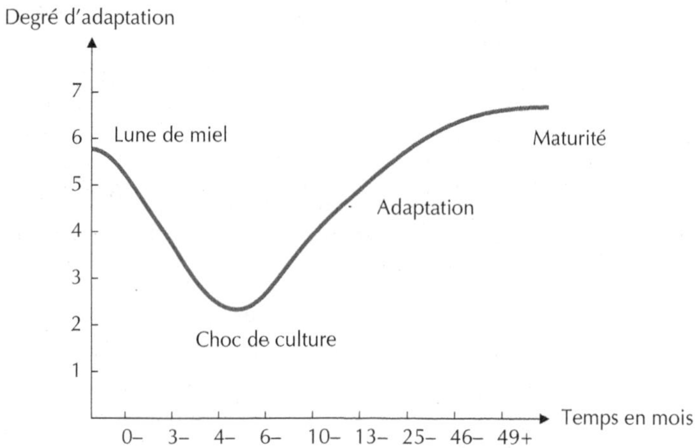

D'après Black et Mendenhall, 1989.

Figure 2.2 – Courbe en U

6 La gestion de la famille[1]

La position des entreprises diverge encore aujourd'hui sur l'intérêt de la prise en compte de la cellule familiale dans le cadre d'une mobilité internationale.

Pourtant, la famille apparaît dans toutes les études comme une des principales – voire la principale – justifications avancées aux refus, réticences et échecs d'expatriation (Cerdin, 2001 ; « International Mode

1. Par Marie-Laure Tourbet, *International Assignment Specialist*, OTV, Veolia Environnement.

d'emploi », 2004 ; Étude ECA International, 2006 ; Berlitz International Consulting, 2010[1]; PriceWaterhouseCoopers, 2010[2]).

Quand on sait qu'actuellement les expatriés d'une entreprise sont très majoritairement en couple (70 % à 85 % selon les études) et que la moitié ont des enfants, on réalise à quel point cette préoccupation est devenue centrale pour les responsables des mobilités internationales.

La mobilité internationale ne peut en effet être seulement considérée comme une simple mobilité professionnelle géographique. Elle entraîne également un réel changement de vie au quotidien pour toute la cellule familiale qui rencontre souvent – notamment le conjoint – des difficultés plus ou moins grandes à s'adapter comme l'illustre la courbe « en U » (a). Les pratiques des entreprises se situent sur un continuum allant du refus de s'immiscer dans la vie privée des collaborateurs à une stratégie active basée sur le postulat que la famille fait partie intégrante de l'expatriation et que l'entreprise doit gérer deux mobilités professionnelles (b).

Pourtant, les conjoints semblent être demandeurs d'une assistance active du service de mobilité internationale (c). Reste à ce dernier la nécessité de tester et définir son champ d'action en fonction de ses ressources (financières, humaines, matérielles) et de la valeur ajoutée attendue des mesures familiales d'accompagnement (d).

6.1 Processus d'adaptation au travers de la courbe en « U »

Au-delà de l'aspect professionnel, les difficultés d'adaptation du conjoint expliqueraient majoritairement les retours prématurés de missions. La courbe d'adaptation « en U » (*cf.* figure 2.2 précédemment) peut être observée sous l'angle du conjoint en quatre phases (*cf.* figure 2.3) afin de repérer le moment où l'échec ou la réussite de la mobilité internationale se joue.

1. 37 % des conjoints ne souhaitent pas poursuivre leur expérience à l'étranger à l'issue de leur affectation contre 13% acceptant de prolonger l'affectation dans le même pays et 24% étant d'accord pour partir dans un autre pays. (189 cadres expatriés ou futurs expatriés et 93 conjoints interrogés ; « Expatriation : le sondage vérité », *L'Expansion*, mai 2010).

2. 80 % des entreprises interrogées signalent le problème de double carrière comme la raison du refus des candidats à l'expatriation (enquête menée en 2009 auprès de 270 entreprises multinationales en Europe employant près de 65 000 expatriés).

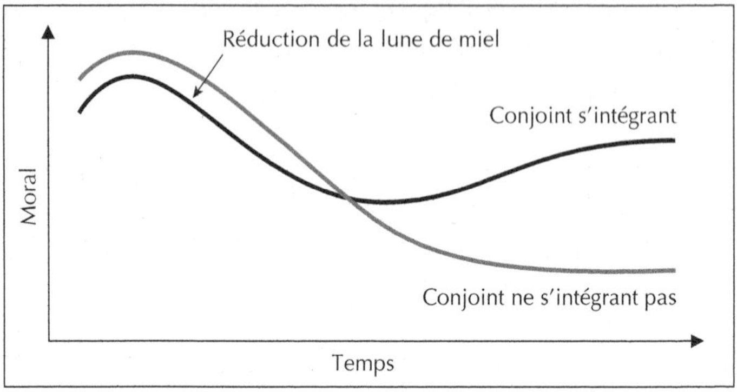

D'après Net Expat.

Figure 2.3 – Les phases d'intégration du conjoint

Phase 1 : la lune de miel

(Mots clés : découverte, engouement, fascination, curiosité, implication)

Il s'agit d'une phase relativement brève (environ un mois) qui peut s'apparenter à une visite touristique. Le couple se retrouve dans un pays inconnu où tout reste à découvrir notamment une nouvelle culture qui diverge de la leur (normes, valeurs, comportements, us et coutumes…), sans que cela ne remette en cause pour l'instant leur propre système de valeurs. Au contraire, elle sert de référentiel. C'est une période de découverte et d'intérêt pour le nouveau pays.

À cet instant, l'euphorie est plus importante pour le conjoint que pour l'expatrié car ce dernier est davantage ancré dans la réalité en raison de sa nouvelle mission professionnelle.

Phase 2 : « négativisme outrancier », ou « désillusion et frustration » (étape du choc culturel)

(Mots clés : différence, isolation, confusion, mal du pays)

La découverte de l'environnement se fait plus précise et peut engendrer une attitude négative par crainte de ne pouvoir s'y adapter. Cette phase apparaît comme particulièrement critique dans le processus de l'expatriation. Pour l'expatrié, on évalue à deux mois la durée du « choc culturel » alors qu'il peut aller de quatre à six mois pour un conjoint n'ayant reçu aucune assistance pour s'intégrer. Ce dernier se trouve confronté à une triple isolation :

– *déphasage familial :*
– avec son conjoint : les rythmes d'adaptation divergent, car l'un exerce une activité professionnelle (lune de miel réduite) et l'autre non. L'expatrié tisse des liens professionnels et a un repère stable grâce à sa société qui présente des similitudes par rapport à l'entité de départ (valeurs, procédures, réseau...). Il s'investit dans un nouveau challenge professionnel alors que son conjoint est confronté aux réalités de la vie quotidienne et aux difficultés logistiques et matérielles,
– avec ses enfants : ces derniers (notamment les plus jeunes) ont généralement une capacité d'adaptation naturelle plus forte et s'intègrent plus facilement grâce à l'école ;
– *déphasage culturel* : il ne trouve pas ses repères dans sa vie quotidienne (alimentation, achats, administration...). Les différences de rapport de temps, de langage, de mode de vie et de raisonnement semblent plus compliquées et sont vécues comme des difficultés. Le conjoint risque de s'isoler (syndrome de l'emmuré) ;
– *déphasage professionnel* : lorsqu'il a la possiblité de travailler, le conjoint se désespère peu à peu de trouver du travail en raison des nombreux refus, de la non-reconnaissance de ses diplômes, de la méconnaissance des processus et critères de recrutement... Le conjoint perd peu à peu son identité professionnelle car il s'appuie trop fortement sur ses propres références et n'arrive pas à percevoir celles du pays d'accueil.

Phase 3 : l'adaptation ou l'échec

(Mots clés : appropriation, acceptation/reniement, échec de l'expatriation)

Le conjoint prend ses distances ou s'intègre, c'est-à-dire qu'il accepte ou refuse complètement le nouveau mode de vie. De là dépend le succès de l'expatriation. S'il s'intègre, le conjoint commence à s'habituer à son nouveau mode de vie avec plus ou moins de satisfaction ou de frustration par périodes cycliques. Il est capable de voir les différences entre les deux cultures de manière plus objective et de gérer cette situation. Dans le cas où le conjoint ne parvient pas à dépasser le choc culturel, des pathologies plus ou moins sévères peuvent apparaître conduisant indirectement à une performance moindre de l'expatrié, voir contraindre à un rapatriement précoce.

Différentes études, dont celles de Robert-Demontrond (2001), ont répertorié les manifestations possibles du mal-être. Ces pathologies peuvent être répertoriées en trois catégories (*cf.* tableau 2.10).

Tableau 2.10 – Pathologies liées à des difficultés d'adaptation

	Manifestations associées
Psychologie (ce que je suis à l'intérieur)	Dépression, crise de nerfs, mal dans sa peau, manque de confiance en soi, sentiment de déracinement, obsession du retour au pays, irritabilité.
Physique (ce que je suis à l'extérieur)	Insomnie, maux de tête et d'estomac, gain ou perte de poids, anorexie.
Comportemental/ Attitude (ce que je fais)	Tabagisme, alcoolémie, drogue, repli sur soi, comportement colérique, nervosité, intolérance aux plaisanteries, dénigrement systématique du pays, baisse de l'attention et de la concentration.

Source : Robert-Demontrond, 2001.

Phase 4 : l'étape de l'intégration ou de maîtrise (si la phase 3 s'est déroulée positivement)

(Mots clés : intégration, maturité, prise de recul)

Les différences sociales et culturelles sont acceptées. Le conjoint est capable de fonctionner avec sa culture d'origine et celle du pays d'affectation. Il serait illusoire de penser que chaque personne expatriée suit exactement cette courbe. La personnalité est en effet un des facteurs de l'adaptation interculturelle. L'adaptation est plus ou moins rapide tout comme le choc culturel est plus ou moins important. Toutefois, cette courbe reste un bon indicateur du phénomène de choc culturel et des phases qui l'accompagnent.

Face aux difficultés rencontrées avec le conjoint de leurs expatriés, les entreprises pourraient être tentées de favoriser, voire d'imposer, le statut de « célibataire géographique » (famille restant dans le pays d'origine) pour éviter toute contrainte familiale. L'expérience montre pourtant que la famille joue un rôle essentiel dans la réussite des missions même si *a contrario* elle en constitue parfois le principal obstacle (*cf.* encadré 2.2).

Focus

Faut-il favoriser les célibataires géographiques ?

Olivier Mérignac et Alain Roger (2004), tout comme Jean-Luc Cerdin, démontrent que cette décision n'est en réalité pas facteur de réussite, bien au contraire. Les salariés non accompagnés par leurs familles sont moins bien adaptés. Cette situation peut en effet déstabiliser la cellule familiale. Du fait de l'éloignement, l'expatrié se retrouve seul pour organiser son quotidien et doit gérer à distance son rôle au sein de la famille.

De leur point de vue, la majorité des expatriés interrogés indique que la présence du conjoint est capitale. Ceux qui ont fait l'expérience de partir seuls en poste à l'étranger, même quelques mois, ont vécu difficilement cette solitude faute de s'être encore constitué un réseau d'amis et de relations (Berlitz, 2010).

La présence de la famille peut donc représenter un facteur de réussite déterminant de l'expatriation. Le conjoint et la famille ont souvent été montrés dans les études comme des éléments perturbateurs et pénalisants pour le cadre expatrié (frein à s'expatrier, adaptation difficile dans le pays d'accueil), en considérant rarement les implications positives qu'ils peuvent avoir lors d'une expatriation.

Face à la problématique de la famille des expatriés, on peut déterminer trois grandes approches caractérisant les entreprises :

- La *stratégie 0* : l'entreprise laisse l'expatrié gérer seul sa vie de famille et décide d'ignorer cette question. Seul un support logistique (déménagement, recherche de logement…) est proposé ;
- La *stratégie intermédiaire* : l'entreprise supporte les coûts familiaux engendrés par la mobilité internationale (frais de scolarité…) et fait bénéficier les conjoints des mesures prises pour les expatriés (formations linguistique et interculturelle, voyage de reconnaissance en couple…) ;
- La *stratégie interventionniste* : l'entreprise accompagne la famille, et notamment le conjoint, de manière proactive en allouant et/ou en développant des mesures spécifiques (recherche d'emploi sur place, coaching, livret d'accompagnement à la mobilité…).

85 % des conjoints d'expatriés (Tourbet, 2007) estiment que l'entreprise doit se préoccuper de la famille lors de l'expatriation (stratégie interventionniste).

Ainsi, le recours au célibataire géographique dans le cadre des mobilités internationales doit être utilisé par les entreprises de manière limitée et justifiée (contexte politique fortement instable, précarité sanitaire, manque d'infrastructures locales...).

6.2 Graduation de l'intervention de l'entreprise vis-à-vis de la cellule familiale

Encadré 2.2 – Témoignages de conjoints d'expatriés sur l'assistance des entreprises

Pour informer et faciliter l'intégration

« La famille peut s'adapter plus vite et dans de bonnes conditions. » (Expatriation en Malaisie)

« Cela aide à une meilleure insertion dans l'expatriation. La famille perd ses repères familiaux, amicaux mais surtout culturels. Cela aide donc également à un meilleur vécu de l'expérience à l'international. » (Expatriation en Inde)

« La famille est partie intégrante du processus. Un salarié n'est pas seul sur terre, connecté à son entreprise en permanence. Il faut que sa famille soit d'accord, suive, s'adapte, puisse avoir un avenir... » (Expatriation aux États-Unis)

Éviter un échec de l'expatriation

« L'entreprise doit se préoccuper du bien-être de ses salariés et de leurs familles si elle veut les garder jusqu'à la fin de l'expatriation. Il ne faut pas que l'impression d'avoir fait un « mauvais choix » et le désir de repartir s'installent. » (Expatriation en Chine)

« Il faut que toute la famille ait trouvé ses repères rapidement pour que l'expatriation soit réussie sur le plan personnel et professionnel... l'un ne marche pas sans l'autre. Sinon au bout de six mois, tout le monde voudra rentrer et l'entreprise sera perdante... » (Expatriation en Arabie Saoudite)

☞

☞

« Lorsqu'on se retrouve loin de notre famille et de nos amis dans des conditions différentes de celles qu'on a connues, on a besoin d'une aide. Si l'entreprise ne favorise que le départ du salarié et non pas un départ global de la famille, c'est certain que l'on court à l'échec ou au moins à des rancœurs. » (Expatriation au Mexique)

« C'est le seul moyen pour une intégration durable de l'expatrié sur place. » (Expatriation au Maroc)

Favoriser la performance professionnelle de l'expatrié

« Si le salarié n´est pas soutenu par sa famille, il a peu de chance de réussir dans son nouveau poste. » (Expatriation en Allemagne)

« Pour se décharger des soucis annexes à son expatriation et ainsi d'être plus disponible et plus performant. » (Expatriation au Maroc)

« Si l'entreprise souhaite des employés performants, elle doit aussi se préoccuper de ceux qui vivent avec eux. Si un des membres se sent mal à l'aise dans son nouvel environnement, il y aura obligatoirement des répercussions dans le comportement de l'expatrié. » (Expatriation en Chine)

Pourtant une étude[1] menée en 2008 auprès de conjoints d'expatriés montre qu'à peine 20 % ont reçu une assistance effective et que seules deux multinationales sur cent sont jugées positivement par les conjoints… Fort de ce constat, le responsable des mobilités internationales se doit de déterminer l'ensemble des mesures d'accompagnement contribuant, directement ou indirectement, à la performance des affectations à l'international.

6.3 Outils d'accompagnements familiaux des entreprises

En prenant acte que la famille est une des clés de la réussite de ses mobilités internationales, le responsable des mobilités internationales doit mettre en œuvre des mesures en adéquation avec le profil de sa population d'expatriés (catégorie professionnelle, situation familiale, pays de destination, durées prévisibles des missions…) tout en tenant compte des moyens financiers, humains et matériels à sa disposition (*cf.* tableau 2.11). Il devra en outre convaincre le management du bien fondé des outils d'accompagnement identifiés.

1. N. Cole, « Expatriate Spouse : What Do They Want ? », étude menée auprès de 238 conjoints d'expatriés en Asie-Pacifique entre 2007 et 2008.

Tableau 2.11 – Outils principaux à destination des familles d'expatriés[1]

Principales mesures d'accompagnement familial à l'international[1]	Finalités des mesures
Association du conjoint dans la décision (entretien avec le responsable de mobilité internationale, sensibilisation du collaborateur). Existence d'une politique claire et écrite.	Lever les incertitudes liées au départ en expatriation.
Information sur le pays de destination. Formation interculturelle. Voyage de reconnaissance dans le pays d'affectation.	Favoriser l'adaptation en réduisant les effets négatifs du « choc culturel ».
Assistance logistique et bureaucratique. Formation linguistique. Mise en relation avec des associations ou expatriés.	Faciliter l'intégration sociale locale.
Compensation financière. Embauche du conjoint par l'entreprise. Cabinet d'outplacement.	Accompagner la carrière professionnelle du conjoint.
Continuité dans la scolarité. Aides pour les enfants restant dans le pays d'affectation. Information adaptée.	Accompagner les enfants.

Lever les incertitudes liées au départ en expatriation

Les expatriés, eux-mêmes, sous-estiment l'impact de la mobilité internationale sur leurs conjoints (Berlitz International Consulting, 2010) : avant le départ à l'international, seuls 13 % estiment que le processus d'adaptation de leurs conjoints sera un défi à relever contre 34 %, une fois sur place. La mobilité affecte pourtant plus encore les conjoints qui se retrouvent majoritairement (65 % selon la même étude) contraints à mettre entre parenthèses leur carrière professionnelle (perte du statut social) pour se retrouver avec le statut de « conjoint suiveur ».

Il est donc important que le responsable des mobilités internationales sensibilise l'expatrié sur ce point et l'incite à associer le conjoint dans la décision de s'expatrier et dans les préparatifs.

Un entretien avec le service de mobilité internationale, notamment dans le cadre d'une première expatriation, peut permettre de nouer un

1. Enquête réalisée auprès de 86 conjoints d'expatriés (Tourbet, 2007) dont 94 % de femmes françaises, avec 80 % ayant au moins un enfant, d'âge moyen 37 ans, et présentes dans le pays d'expatriation depuis en moyenne 25 mois.

contact bénéfique avec le conjoint sans que l'entretien ne soit perçu comme une intrusion dans la vie privée. Celui-ci doit pouvoir permettre de sonder les attentes du conjoint, le faire réfléchir sur ses motivations à partir (positives et négatives), évaluer son ressenti sur l'arrêt de sa carrière professionnelle, l'informer et répondre à ses questions et le sensibiliser au phénomène du choc culturel (*cf.* encadré 2.3).

ENCADRÉ 2.3 – Témoignages des conjoints d'expatriés sur la rencontre avec le service RH

Pour les conjoints qui l'ont vécu, l'entretien avec la DRH leur a semblé unanimement utile sur plusieurs plans :

« Ceci m'a permis de comprendre l'objectif de l'employeur de mon mari et d'avoir un avis objectif à donner lorsque nous avons fait notre choix. Un tel départ se négocie en famille, il est donc important que chacun ait les éléments en main pour décider. » (Expatriation aux États-Unis)

« La société, et notamment la DRH, est habituée à ce genre d'expériences et a été pour nous d'un grand soutien sur les sujets les plus divers. C'est vraiment l'interlocuteur privilégié dans l'organisation et le bon déroulement de l'expatriation (déménagement, logement, école, cours de langue, installation...). » (Expatriation en Allemagne)

« Parce que j'ai pu montrer mes motivations aussi pour cette expatriation, et on se sent aussi impliquée dans ce projet et non le conjoint qui suit le mari muté ! » (Expatriation en Malaisie)

« Il a été profitable car elle nous a bien exposé la réalité de la vie avec ses avantages et ses inconvénients. » (Expatriation en Russie)

On peut tout de même noter que certains conjoints ne souhaitent pas cette rencontre avec la DRH pour une séparation nette entre leur vie privée et le choix professionnel de s'expatrier (stratégie 0).

« Pour préserver cette fameuse zone limite, et dans la mesure où il n'y avait aucune proposition possible de la part de l'entreprise pour se questionner sur mon propre parcours professionnel et analyser des possibilités de me préserver un avenir. » (Expatriation en Malaisie)

« Le choix d'un départ est un choix familial et éminemment personnel. Par ailleurs les explications que le DRH fournit à mon mari me sont rapportées. La relation de travail existe entre mon mari et son employeur et je n'ai pas à interférer "officiellement". » (Expatriation en Allemagne)

L'explication de la politique de mobilité internationale au moyen d'une *charte d'expatriation* contenant les règles relatives à la politique de mobilité internationale et l'assistance fournie à la famille permet de lever les incertitudes et de rassurer les conjoints.

Favoriser l'adaptation pour réduire le « choc culturel »

La *remise d'information complète sur la destination* n'est pas systématique, notamment pour les affectations en Europe alors que cela semble favoriser l'adaptation dans le pays d'expatriation. Dans la plupart des cas, le conjoint aura en effet à charge l'organisation du quotidien, surtout durant les premières semaines. Il est donc notamment preneur d'informations tant au niveau domestique (transport, alimentation…), sanitaire (assistance médicale, hôpitaux…), scolaire qu'au niveau professionnel[1].

Principalement réalisée pour les affectations en Asie et Amérique du Nord, *la formation interculturelle* est perçue par les conjoints comme particulièrement efficace pour s'intégrer plus aisément et rapidement dans le pays d'accueil avec une meilleure identification des différences culturelles avec son pays d'origine. Une expérience internationale antérieure significative (nature, durée, similarité de cultures entre pays) peut se substituer en partie ou totalement à la formation interculturelle (*cf.* encadré 2.4).

Encadré 2.4 – Témoignages de conjoints d'expatriés sur la formation interculturelle

« Elle permet de se défaire des idées reçues, d'appréhender avec plus de justesse les situations, de mieux comprendre les « autochtones », facilitant l'adaptation à un nouveau régime et évitant des impairs. » (Expatriation en Allemagne)

« Cette formation m'a permis de prendre conscience des différences interculturelles et m'a préparé à plusieurs situations que j'ai rencontrées. Même si ces formations ont un aspect très généraliste ou

1. On peut citer comme ouvrages sur le sujet : C. Bert, *Travailler à l'étranger ñ Un guide de vie pour la famille*, Pearson, 2009 ; L. de Percin, *Partir travailler et vivre à l'étranger*, Vuibert, 2009 ; et comme sites Internet : www.femmexpat.com ; www.expatwomen.com ; www.expat.com ; www.mfe.fr

au contraire trop spécialisé, mon insertion locale en a été ainsi très facilitée. Mon intégration a été accélérée et plus positive. En comparaison avec d'autres personnes n'ayant pas eu cette formation, ils ont souvent commis des erreurs interculturelles basiques ayant entraîné des problèmes plus vastes et parfois malheureusement une incompréhension de l'expatrié vis-à-vis du pays d'accueil ayant abouti à un rejet partiel voire total. » (Expatriation au Cameroun)

« Ceci nous a particulièrement aidés pour comprendre plus tard pourquoi nous passions par des phases de haut et de bas... Pour comprendre le fonctionnement général du pays. » (Expatriation aux États-Unis)

« Elle permet une ouverture d'esprit et d'ouvrir des pistes de réflexion. D'autre part, elle rassure et déstresse à la veille d'un départ, surtout s'il s'agit d'une destination très différente de la France. Elle peut aussi, une fois sur place, nous permettre de mieux comprendre les gens et leur mode de vie. » (Expatriation en Espagne)

« On aurait certainement gagné beaucoup de temps si on avait été au courant des « us et coutumes ». » (Expatriation en Allemagne)

Le voyage de reconnaissance est souvent jugé indispensable pour le conjoint afin de se rendre compte de la réalité de sa future vie sur place et pour prendre de multiples renseignements qui ont trait à la vie familiale. Ceux ne le jugeant pas nécessaire n'en sont pas à leur première expatriation. Quand ils en ont bénéficié, deux tiers estiment que la préparation de leur expatriation fut réussie. (*cf.* encadré 2.5)

Encadré 2.5 – Témoignages de conjoints d'expatriés sur le voyage de reconnaissance

« Consentir ce voyage a bien facilité les débuts de notre expatriation et notre départ de France car il est plus facile d'avoir une représentation de ce qui nous attend. » (Expatriation en Italie)

« On arrive en terrain connu grâce à ce voyage. Nous avons loué notre appartement dès ce voyage, ce qui a permis de préparer le déménagement de façon plus sereine et pratique. » (Expatriation en Espagne)

« Nous nous sommes orientés sur une école qui nous avait été conseillée. Mais une fois sur place, on a réalisé que l'on aurait pu aller sur une autre qui a une cantine. Du coup, je n'ai pas repris d'activité professionnelle car il faut être à 8 h 15, 12 h 15, 14 h 15 et 16 h 15 à l'école. Or, il n'y a quasiment pas de travail à mi-temps envisageable. Si j'avais su cela lors d'un voyage de repérage, peut-être aurions-nous envisagé une autre école » (Expatriation au Maroc)

Faciliter l'intégration sociale locale afin d'éviter l'isolement du conjoint

Une *assistance logistique et bureaucratique*, *via* la filiale locale de l'expatrié ou une agence de relocation, est souvent nécessaire pour aider le conjoint à accomplir les démarches liées à son installation (permis de séjour, logement...).

Grâce à une *formation linguistique*, le conjoint peut maîtriser les rudiments de la langue locale et ainsi accomplir plus facilement et de manière autonome les actes de la vie quotidienne et prendre confiance en soi pour communiquer. Au vu du coût généré par les cours, les conjoints estiment qu'il s'agit d'une aide primordiale de l'entreprise, essentielle pour l'adaptation et l'intégration dans le nouveau pays.

Les conjoints estiment toutefois que, si la langue locale est trop éloignée de la leur pour pouvoir être assimilée rapidement (Asie, Moyen Orient), l'anglais peut se révéler plus utile dans un premier temps (*cf.* encadré 2.6).

Encadré 2.6 – Témoignages de conjoints d'expatriés sur la formation linguistique

« Le mari pratique la langue tous les jours sur son lieu de travail, les enfants l'apprennent très vite à l'école. Si l'épouse ne travaille pas et ne bénéficie pas de cours de langue, elle se sent très vite isolée et très mal à l'aise dans sa vie quotidienne (faire les courses, aller chez le médecin, demander un renseignement, prendre contact avec ses voisins...). De même, si elle souhaite trouver un travail. De plus, il peut y avoir un sentiment de dévalorisation par rapport à son mari, ses enfants. » (Expatriation en Espagne)

☞

« L'expatriation est une vraie remise en question. On perd tous nos repères (travail, vie quotidienne, famille, amis...) et il faut trouver un nouvel équilibre. S'il n'y a pas de barrière linguistique cela rend l'arrivée au pays plus facile. » (Expatriation au Pérou)

La mise en relation avec des associations ou d'autres expatriés semble peu répandue malgré qu'elle soit jugée pertinente, et notamment par les conjoints vivant une première expatriation. Ceux ayant bénéficié de cette mesure considèrent que leur préparation fut réussie et ont eu moins de difficulté à s'intégrer.

Les conjoints recherchent en effet, surtout dans les premiers temps, à rencontrer des personnes vivant ou ayant vécu des situations similaires à la leur, les considérant comme les plus à même pour comprendre leurs difficultés d'intégration, diminuer leurs inquiétudes et doutes et répondre à leurs diverses interrogations sans jugement (*cf.* encadré 2.7).

Encadré 2.7 – Témoignages de conjoints d'expatriés sur la mise en contact avec d'autres expatriés

« On peut leur poser librement des questions concrètes sur plein de détails de la vie quotidienne. Leur expérience nous fait aller à l'essentiel tout de suite. » (Expatriation en Malaisie)

« Cela nous a surtout rassurés et nous a donné quelques nouveaux repères, ne serait-ce que par la langue en commun ou encore des habitudes. » (Expatriation en Inde)

« L'expatrié passe ses journées au travail, qu'en est-il dans un premier temps pour le conjoint qui a suivi ? L'entente au sein de la communauté expatriée est très importante. Grâce aux femmes d'expatriés, j'ai pu apprendre à circuler dans la ville, m'y repérer ou connaître le numéro de téléphone d'un docteur au cas où. Le directeur général du pays a organisé un repas à notre arrivée afin de nous faire connaître au sein de la société. » (Expatriation en Côte d'Ivoire)

Accompagner la carrière du conjoint

L'augmentation des « doubles carrières » (effet d'homogamie) a fait naître de nouvelles attentes de la part du conjoint, à savoir compenser la perte de son activité professionnelle et permettre de maintenir son employabilité durant l'expatriation.

Il est pourtant difficile pour les responsables des mobilités internationales d'apporter une solution unique de soutien professionnel aux conjoints, leurs aspirations restant variées et parfois méconnues. Ainsi, certains souhaiteraient poursuivre leur activité professionnelle en expatriation et être donc aidés pour y arriver. Encore faut-il dans ce cas que la réglementation locale le permette. D'autres conjoints souhaitent mettre au contraire leurs carrières entre parenthèses. Dans les faits, très peu de mesures d'accompagnement semblent être menées par les entreprises alors que certaines peuvent être mentionnées dans les règles internes de mobilité.

La compensation monétaire pour perte d'emploi est la mesure la plus octroyée. Elle n'engage pas les entreprises dans l'accomplissement de démarches parfois longues et coûteuses et est appréciée des conjoints. Les conjoints d'expatriés qui n'ont pas reçu d'aide financière pour la perte de leur emploi indiquent majoritairement que cette somme leur aurait permis de conserver leur employabilité. L'utilisation de cette indemnité à des fins professionnelles n'est toutefois pas toujours prouvée et semble parfois être plutôt utilisée comme une aide supplémentaire à l'installation. De plus, elle semble loin de satisfaire les conjoints (Cole, 2008). Il est donc sans aucun doute préférable d'octroyer un budget maximum à utiliser par les conjoints d'expatriés pour conserver leur employabilité ou les aider à retrouver un emploi dans le pays (formation, bilan de compétences, outplacement, frais du permis de travail, maintien volontaire à la retraite…) (*cf.* encadré 2.8).

L'embauche du conjoint par l'entreprise de l'expatrié et le recours à un *cabinet d'outplacement* au départ ou au retour de la mission apparaissent comme des mesures marginales. L'embauche localement repose plus sur des opportunités de contrats locaux auxquelles le conjoint à su correspondre. L'outplacement, du fait de son coût élevé, est utilisé dans peu de cas.

Encadré 2.8 – Témoignages de conjoints d'expatriés sur la compensation financière

« Avec cette somme, j'aurais peut-être pris des cours pour une réinsertion professionnelle. » (Expatriation en Malaisie)

« Une indemnité monétaire m'aurait permis de préparer le retour de l'expatriation (recherche d'emploi) et de compenser une perte d'emploi (même s'il s'agit d'un choix au départ). » (Expatriation en Chine)

« Après plusieurs années, c'est difficile de se réinsérer dans la vie professionnelle. L'indemnité monétaire m'aurait peut-être servi à un complément de formation professionnelle, lors de notre retour en France. » (Expatriation en Malaisie)

Accompagner les enfants dans leur parcours d'expatriation

L'entreprise se doit également d'assister les enfants de ses expatriés en *assurant leur continuité scolaire* (assistance dans l'inscription et prise en charge des frais de scolarité ou à défaut enseignement à distance), et en tenant compte de *ceux poursuivant leurs études hors du pays d'affectation* (octroi de billets d'avions entre la France et le pays d'expatriation, aide financière pour la location d'un appartement engendrée par le départ en expatriation des parents…).

Le responsable des mobilités internationales doit également inciter les parents à discuter ouvertement avec leurs enfants de leur future mobilité familiale (raisons de s'expatrier, changements par rapport à la vie actuelle) pour éviter les incompréhensions ou inquiétudes, bien souvent non exprimées. Des *livres ou formations*[1] *spécifiquement dédiés aux enfants* peuvent aider les parents à les accompagner efficacement dans la préparation et l'adaptation à l'international.

L'accompagnement de la famille, et plus particulièrement des conjoints des salariés expatriés, reste aujourd'hui considéré dans la plupart des entreprises comme une obligation coûteuse, et non une nécessité. Des démarches sont amorcées, sans être forcément ancrées

1. On peut notamment citer G. Goutain et A. Russel, *L'enfant expatrié*, L'Harmattan, 2009.

dans les pratiques officielles des entreprises, qui rencontrent trois difficultés majeures : convaincre le management du bien fondé de mesures destinées à accompagner la cellule familiale, déterminer celles à appliquer de manière systématique et mesurer le retour sur investissement des mesures d'accompagnement. Pourtant, en combinant les mesures les plus appropriées, l'entreprise se donne ainsi toutes les chances pour favoriser la réussite de ses mobilités internationales.

Aujourd'hui, avec le développement de nouveaux contrats de mobilité internationale moins coûteux que l'expatriation classique, on peut s'interroger – voire s'inquiéter – de l'impact négatif qu'ils auront sur les mesures d'accompagnement destinées à la cellule familiale.

Focus

Conjoint expatrié et impossibilité de travailler

La pratique d'un travail pour un conjoint peut s'avérer impossible dans certains pays, selon le type de visa demandé.

Prenons l'exemple d'un couple marié en France qui se rend aux États-Unis pour une expatriation de 3 ans.

- Le visa H-1B, est l'un des visas les plus demandés puisqu'il s'agit du visa de travail pour les professionnels (voir les conditions pour y prétendre). Il est octroyé pour une période pouvant aller jusqu'à trois ans, renouvelable jusqu'à 6 ans de séjour au total. Le conjoint et les enfants obtiennent un visa de famille H-4 et ne peuvent pas travailler.
- Le visa L1 est valable selon le statut (dirigeant, cadre, employé) entre 5 à 7 ans et est utilisé pour le transfert de salarié d'une société à l'autre entre deux pays, selon certaines conditions d'expérience, d'ancienneté... Les conjoints et les enfants mineurs peuvent obtenir un visa L-2 qui leur donne le droit de résider. Le **conjoint peut travailler** (comme avec les visas E) en demandant l'autorisation à l'USCIS, sur le territoire américain.

7 La gestion des retours

La gestion des retours des expatriés dans le pays d'origine fait aujourd'hui l'objet d'une vigilance accrue, en raison des risques spécifiques encourus, aussi bien pour l'individu que pour son organisation. En effet, d'après deux études récentes (BVA Berlitz, 2011 ; Mondossimo 2012), plus d'un tiers des salariés expatriés (respectivement 38 % et 62 %) considèrent que leurs entreprises n'ont pas mis en place de dispositifs spécifiques pour gérer leur retour. Cette carence conduit soit à des problèmes de réadaptation, soit au départ définitif du salarié dans une autre entreprise. Le taux de départ serait d'ailleurs compris selon les études entre 25 % et 50 % (Global Relocation Services, 2006 ; Price Waterhouse Cooper, 2006 ; BVA, 2011) dans les années qui suivent le retour. Quant aux collaborateurs qui décident de rester, ils n'utiliseraient que très faiblement les compétences acquises au cours de leur mission à l'étranger (emplois occupés au retour inappropriés), avec un impact limité sur leur développement professionnel. Ces difficultés peuvent elles-mêmes s'expliquer selon les expatriés par huit principaux facteurs (Barabel et Meier, 2013).

Tableau 2.12 – Les facteurs d'insatisfaction des expatriés à leur retour

Facteur 1. Nécessité de réapprendre à vivre dans son pays d'origine et dans son organisation
Facteur 2. Faire le deuil d'un moment privilégié de sa vie
Facteur 3. Faire face à l'indifférence et jalousie des autres collègues
Facteur 4. Non valorisation des compétences acquises lors de l'expérience internationale
Facteur 5. Perte d'autonomie
Facteur 6. Absence de perspectives professionnelles post-expatriation
Facteur 7. Absence de pratiques managériales /RH efficaces pour accompagner l'expatrié lors de son retour
Facteur 8. Perte de réseau professionnel et d'influence politique

Le service RH doit donc préparer en amont le retour du salarié[1] (stratégie d'affectation) et apporter une réponse précise aux différents facteurs d'insatisfaction.

1. La gestion des retours est souvent l'un des principaux points d'insatisfaction des expatriés. Ils ont souvent tendance à penser que l'on valorise peu l'expérience acquise à l'international (emplois proposés inappropriés) et que leur présence à l'étranger a conduit le service RH à partiellement « les oublier » (risque de l'éloignement).

Comme lors du départ en expatriation, la fonction RH doit traiter fiscalement et socialement le retour (reprise du salaire de référence, réaffiliation au système de protection sociale…). Elle doit aussi s'occuper des questions logistiques et familiales (scolarisation des enfants, déménagement…). De plus, l'entreprise doit prévoir systématiquement dans le contrat de travail, une clause garantissant la réintégration à un poste à pourvoir au sein de l'entreprise. Cependant cela reste très aléatoire, compte tenu des compétences internationales et de l'évolution hiérarchique qu'obtiendra l'expatrié à l'étranger au bout de quelques années. La gestion de la réintégration n'est pas une chose simple, ni pour l'employeur, ni pour l'expatrié.

En règle générale, l'entreprise procède à un bilan de compétences et à un entretien de carrière afin d'estimer le potentiel de son collaborateur et ses attentes.

Focus

Fin d'expatriation : que dit la jurisprudence ?

Le salarié expatrié qui fait l'objet d'une mesure de rapatriement en France doit bénéficier d'une offre de réintégration sérieuse, précise et compatible avec l'importance de ses précédentes fonctions au sein de la société mère, et l'employeur doit recueillir son accord exprès sur ce nouveau poste.

À défaut, la prise d'acte de la rupture de son contrat de travail par le salarié, aux torts de l'employeur, au motif de son refus du nouveau poste proposé, est justifiée.

Source : Arrêt de la chambre sociale de la Cour de cassation dans du 21 novembre 2012 (n° 10-17.978).

Qu'il soit préparé longtemps à l'avance ou au dernier moment, bien souvent, le retour pour l'expatrié et sa réinsertion dans son pays d'origine est toujours un moment délicat. L'expatrié a bien souvent connu pendant la durée de son contrat :

– des conditions de vie avantageuses (niveau salarial, privilège…) ;
– une liberté et une autonomie professionnelle ;
– le goût du voyage et des découvertes ;

– la découverte d'une nouvelle culture (dépaysement, changement…) ;
– des expériences nouvelles et enrichissantes.

Il en ressort avec un esprit d'ouverture et de nouvelles attentes. À ce titre, sa réintégration dans l'entreprise peut être difficile car il faut du temps pour renouer avec ses racines, se réhabituer aux modes de vie et de pensée de son pays d'origine.

Au-delà du « choc culturel du retour », l'entreprise peut aussi se trouver confrontée à des problèmes en termes de gestion de carrière. Elle peut ne pas être en mesure de proposer des emplois à hauteur des attentes de l'expatrié qui vit son retour en France comme peu enthousiasmant, voire connaître des difficultés pour l'affecter à un emploi. En effet, durant son absence, l'entreprise a connu de nombreuses évolutions (changement d'organigramme, de stratégie, adaptation au marché, recrutement de nouveaux cadres, départs…). De même, l'expatrié peut avoir perdu son réseau professionnel local au détriment d'un réseau international peu utile en France. Ainsi, l'entreprise doit faire en sorte durant l'expatriation de permettre au cadre de préserver des contacts réguliers avec le siège (voyage en France, formation…).

Par ailleurs, le retour est souvent jalonné de difficultés administratives qui alourdissent grandement la réinstallation dans le pays d'origine.

Plus généralement, une étude récente (Barabel et Meier, 2013) a montré que les problèmes générés par la gestion des retours sont liés à un malentendu (décalage d'interprétation) entre l'entreprise et l'expatrié. Les différences se concentrent notamment sur le rapport au temps, dans la mesure où l'entreprise et l'ancien cadre expatrié n'ont pas la même manière d'aborder la conversion de cet apprentissage, ni les mêmes attentes. En effet, pour l'individu expatrié de retour dans son pays d'origine, il s'agit de convertir rapidement son expérience internationale en termes de gestion de carrière (développement professionnel, élargissement des responsabilités, renforcement de son autonomie) en espérant avoir la gratitude de sa hiérarchie pour avoir accompli efficacement sa mission (récompenses/primes/promotion). En revanche, pour l'entreprise il s'agit avant tout d'envisager de quelle manière ces nouvelles connaissances peuvent servir les nouvelles ambitions de l'organisation (capitalisation des connaissances, rétention de l'utilisation et du transfert des compétences acquises) sur le long terme en tenant compte d'une part, du contexte économique et stratégique (phase de croissance ou de récession, objectifs stratégiques, GPEC, etc.) et d'autre part organisationnel (départ, politique de recrutement, structure, etc.).

Le tableau 2.13 présente les principaux malentendus entre expatriés et entreprise.

Tableau 2.13 – Le décalage entre la réalité organisationnelle et les attentes des cadres expatriés (les malentendus)

Perception de l'expatrié sur son expérience à l'étranger	Perception de l'environnement
Service rendu à l'entreprise	Gains équivalents pour l'entreprise et l'expatrié
Expatriation comme moyen de faire carrière dans l'entreprise (accélérateur)	Risque d'opportunisme de l'expatrié qui peut en profiter pour valoriser son expérience ailleurs (questionne la fidélité de l'individu)
Décision courageuse et risquée	Échappatoire aux contraintes quotidiennes de l'entreprise
Expérience riche et valorisante	Expérience culturelle et dépaysement
Responsable RH au service de l'expatrié de la préparation au départ jusqu'à son affectation dans son pays d'origine	Investissement important pour permettre une bonne intégration sur place (éviter le choc culturel) jusqu'au retour
Attentes et attitudes de l'expatrié à son retour	**La réalité organisationnelle au retour de l'expatrié**
Reconnaissance sociale Augmentation de son périmètre de responsabilité Accueil chaleureux des collègues Prise en charge par l'entreprise du retour au niveau administratif et logistique	Perte d'un certain statut social Fin des avantages financiers liés au travail à l'étranger Diminution des responsabilités Frustration émanant de l'avancement de certains collègues restés en France Accroissement des difficultés administratives, logistiques et matérielles à leur retour en France
Gratification salariale Promotion Emploi plus riche et complexe qu'à l'étranger Prise en charge de la gestion de carrière par le service RH	Rationalisation des processus RH Harmonisation des politiques de rémunérations Pas de politique volontariste et spécifique en faveur des anciens expatriés (salarié acteur)
L'expatriation comme viatique : l'expérience parle d'elle-même	L'expatrié doit prouver l'utilité de son expérience à l'étranger

☞

☞ Valorisation des compétences acquises au sein de l'entreprise Procédure de transfert des compétences acquises	Réorganisations internes et affectation en fonction des disponibilités Changement ou évolution de poste Nouveau périmètre ou nouveau chef Nouvelles procédures, pratiques et méthodes de travail
Communication interne sur l'expérience acquise pendant l'expatriation	Communication externe sur l'ouverture et le développement international de la firme
Attitudes et comportements	**Dispositifs**
Impatience et ambition	Conformité avec les évolutions de l'organisation et des marchés
Quête d'une plus grande autonomie Affranchissement de l'organisation Faible tolérance à la hiérarchie Demande de responsabilité élargie	Respect de la hiérarchie et équipes en place Standardisation des normes et des procédés Mécanismes de contrôle et de coordination
Volonté de faire partager son expérience et son vécu. Besoin de parler de cette expérience et de transmettre ses connaissances	Rapports complexes et ambigus avec les autres collaborateurs de l'entreprise, restés en France (méfiance, jalousie, « concurrence », etc.).

Comme l'indique le tableau, le décalage perçu s'explique en grande partie par la subjectivité de l'expatrié qui dans le cadre d'un monologue intérieur a romancé son expérience sans tenir compte de la perception que d'autres acteurs (collègues, N+1, RH, entreprise) peuvent en avoir. À ce titre, l'expatrié a tendance à n'identifier que des effets positifs de son expatriation (comme l'acquisition de nouvelles compétences) sans tenir compte du fait que son passage à l'étranger a également généré des pertes de compétences (diminution du réseau professionnel, méconnaissance des objectifs stratégiques de l'entreprise et de son nouveau système de valeur, méconnaissance du nouveau contexte organisationnel et sociétal, déculturation, etc.). De plus, certaines compétences acquises à l'étranger sont contextualisées (non valorisables en France car attachées au pays où elles ont été acquises).

Les difficultés rencontrées en France ne sont donc le seul fait de dysfonctionnements organisationnels. Elles sont également liées à une non-acceptation par l'expatrié des spécificités de son pays d'origine. Il en résulte une frustration et un mécontentement quasiment incompressible (impossibilité pour le service RH de satisfaire certains expatriés quelles que soient les mesures mises en place).

Néanmoins, il est possible de conseiller aux entreprises différents outils (*cf.* encadré 2.9) et actions pour optimiser la gestion du retour. En particulier, nous insistons sur cinq actions complémentaires[1].

- *Ne pas survendre l'expatriation.* Dans un contexte d'imprévisibilité environnementale, il nous semble impossible pour une entreprise de s'engager sur les outils 9 et 10 (cf. encadré 2.9) car les risques sont grands que les promesses données quelques années à l'avance ne puissent être tenues. À ce titre, nous conseillons aux services RH de ne pas survendre « l'expérience d'expatriation ». En effet, pour inciter les salariés à partir, l'entreprise a souvent tendance à exagérer les opportunités de carrière qui en découleront. Difficile alors pour l'expatrié de comprendre le revirement de position et l'attitude perçue comme plus réservée voire négative (non-promotion, non-valorisation, etc.) de l'entreprise lors du retour. Ainsi, à l'entreprise de dresser un portrait réaliste (opportunités/menaces) du retour d'expatriation pour que l'expatrié mesure sa prise de risque et intériorise ce qui l'attend à son retour.
- *Expliquer la situation de l'entreprise juste avant le retour* (en lien avec la situation économique, la stratégie, de l'entreprise et la gestion prévisionnelle des emplois et des compétences-GPEC) et les conséquences sur la gestion de carrière et les affectations. Il s'agit de donner à l'expatrié les clés pour comprendre la façon dont il sera « traité » et éviter un sentiment d'injustice alors que les choix de l'entreprise sont contraints par un contexte donné.
- Mettre en place des outils d'évaluation des compétences acquises/perdues à l'étranger au travers d'une grille d'analyse dédiée qui tient compte des apports et de la richesse accumulée au cours de cette expérience (connaissances linguistiques et interculturelles, compétences relationnelles, gestion du stress, adaptabilité et réactivité, tolérance à l'incertitude, prise de risque, capacité d'initiative, gestion autonome, réseaux personnels développés à l'étranger, etc.) mais également des incidences négatives de l'éloignement du siège (perte de connaissances et compétences organisationnelles, détérioration de la capacité d'adaptation, réduction du réseau professionnel, etc.). Il s'agit de permettre à l'expatrié d'être lucide sur lui-même et de ne pas sous ou surestimer son expérience.

1. (Barabel & Meier, 2013)

- Instaurer un système de reconnaissance des efforts consentis par l'expatrié au cours de sa mission à l'étranger ne passant pas nécessairement par des promotions et des augmentations salariales immédiates (reconnaissance symbolique, opportunités de carrières à moyen et long termes, etc.). Il s'agit de témoigner à l'expatrié, par des moyens mobilisables, quelle que soit la situation économique de l'entreprise, que son expérience à l'étranger est valorisée par l'entreprise et compte pour cette dernière.
- Créer des structures dédiées à la transmission et la valorisation des connaissances et compétences acquises pendant la période d'expatriation, à travers la mise en place de différents dispositifs RH (stages de formation, séminaires de sensibilisation, conférences, mentorat, tutorat, etc.) pendant un an environ après le retour de l'expatrié. Il s'agit de montrer à l'expatrié l'utilité de son expérience à l'étranger pour l'organisation et les différents collaborateurs et de le valoriser de manière professionnelle vis-à-vis de ses collègues.

Encadré 2.9 – Les dix outils permettant de faciliter le retour des expatriés

- Préciser avant le départ à l'étranger les conditions du retour en termes d'attentes (types d'emploi, types de rémunération…).
- Donner une garantie formelle (document écrit) où l'entreprise s'engage sur le type d'emplois qu'occupera l'expatrié à son retour.
- Parrainer l'expatrié par un membre du siège.
- Informer régulièrement le salarié pendant son expatriation des nouvelles du siège.
- Organiser une réunion quelques mois avant le retour du salarié avec un manager ou un RRH pour parler de la carrière future.
- Informer les managers et les RRH locaux du programme mis en place pour gérer le retour.
- Former le salarié à son retour sur les changements intervenus dans l'entreprise (stratégie, positionnement concurrentiel, structure organisationnelle).
- Former l'expatrié et les membres de sa famille pour éviter un « contre-choc culturel » sur l'évolution du contexte français (évolution du droit français, de la politique sociale et économique, etc.).

☞

- Aider fiscalement et financièrement les expatriés pour leur permettre de s'adapter au changement de leur situation financière.
- Montrer que l'entreprise valorise les mobilités internationales (accélération de la carrière, utilisation des compétences interculturelles acquises...).

D'après Caligiuri et Lazarova, 2001.

Cas d'entreprise

La gestion des expatriés : le cas Shell

Shell, groupe international spécialiste des métiers du pétrole et du gaz actif exerce ses activités dans 140 pays et compte 109 000 collaborateurs. Le Groupe compte 7 000 expatriés dans le monde et gère 2 000 mouvements d'expatriations/impatriations par an.

Le Groupe Shell offre de nombreuses possibilités de carrières à l'international, et base son recrûtement sur trois critères : la capacité d'analyse ; la volonté d'aboutir et les compétences relationnelles (le candidat doit, notamment, valoriser et rechercher la diversité de contributions indépendamment des origines socioculturelles).

Le recrutement

Les salariés souhaitant partir à l'international doivent postuler aux postes répertoriés dans la bourse d'emplois interne.

Le conjoint

La rencontre avec le conjoint est organisée par Outpost qui est une organisation créée par SHELL dans le but d'accompagner la famille de l'expatrié. En effet, une étude a été menée au sein du Groupe en 1995 auprès du personnel (1 000 salariés et leur conjoint ont été interrogés) sur leur attitude vis-à-vis de l'expatriation. Trois domaines de préoccupation sont ressortis de ce sondage :

- l'insertion du séjour à l'étranger dans un plan de carrière ;
- la scolarisation des enfants ;
- l'assistance au conjoint, domaine dans lequel émergent deux types de demandes :

- la possibilité d'échanger des informations avec des expatriés actuellement en poste ;
- une aide à la recherche d'un emploi.

À l'issue de ce sondage, SHELL a créé Outpost, qui met en réseau les lieux d'implantation du Groupe. Ce sont des conjoints bénévoles qui font vivre ce réseau et qui l'alimentent en informations. Ils deviennent des correspondants locaux pouvant répondre aux questions des futurs expatriés et de leur famille. De plus, pour aider le conjoint à trouver un emploi sur place, le Groupe a choisi de mettre en place un dispositif spécifique nommé le Spouse Employment Centre. À ce jour, ces deux organismes ont fusionné pour constituer le Global Outpost Services dont la mission est de fournir toute l'aide nécessaire à la famille expatriée. Ainsi, le conjoint peut participer à des groupes de travail, des journées de séminaire et des programmes axés sur la carrière pouvant être affectée par l'expatriation. Global Outpost Services facilite également les recherches de postes du conjoint en lui communiquant des adresses de sites de recrutement, des newsletters, en mettant à sa disposition une bibliothèque et en dispensant des conseils pour établir un CV.

Accompagnement financier

Les aides financières sont importantes chez Shell. À titre d'exemple, les études des enfants sont prises en charge, (pension payée à 80 % dans le cas où les enfants restent dans leur pays d'origine) tout comme la prise en charge des impôts sur le revenu, de la mutuelle, du logement (financement à hauteur de 4 500 €), de la formation du conjoint. De plus, un billet aller/retour par an en business class est prévu pour toute la famille. Selon les pays, les aides varient notamment en fonction des questions de sécurité.

- **Relocation :** la relocation est prise en charge par le siège.
- **Formation** : en revanche, aucune action de formation réelle n'est organisée.
- **La gestion du retour** : il n'existe pas d'action de soutien et d'accompagnement du retour des expatriés. Et outre une aide financière, c'est le conjoint qui bénéficie d'un soutien de carrière et d'une assistance pour rédiger son CV et chercher du travail. Il peut également prétendre à une prise en charge des frais de formation à hauteur de 3 000 €. L'accompagnement du retour du conjoint est pris en charge par Outpost.

Avis d'expert

La fonction de gestionnaire RH à l'international

Par Sylvie Guyon, gestionnaire de carrière au Crédit Agricole

Si la mobilité internationale a quelque chose de particulièrement attractif pour le gestionnaire de ressources humaines (GRH), c'est bien son côté systématiquement varié. Le contenu de son poste change alors même que ses fonctions restent classiques.

L'accompagnement individuel du collaborateur se fait essentiellement par mail ou par téléphone avec parfois le sentiment de ne pas tout comprendre et de ne pas tout imaginer ou tout percevoir de la réalité de sa vie professionnelle. Loin, c'est loin. Et même si le collaborateur, doté de l'humour bien senti du pionnier, révèle « qu'il a emprunté une table au bureau voisin, qu'il n'a pour l'instant qu'une prise électrique et que l'ordinateur a bien franchi la douane mais pas les logiciels, donc, vos tableaux de bord... ». La perception de sa réalité est quand même très relative et la connaissance de son vécu ne se fait que par bribes, quand le décalage horaire, la langue de la standardiste, les réseaux de portable et autres données facilitent enfin ce fameux village mondial. Lors de ses venues à la maison mère, l'expatrié est riche d'anecdotes qui font voyager le temps d'un déjeuner. La frustration de la distance est alors compensée par l'intensité du récit.

Le GRH affecté à la mobilité internationale voit toutes ses tâches modifiées de façon parfois déconcertante. En matière de reporting, le comptage d'effectifs *world wide* s'affranchit très rapidement de ce sacro-saint clivage français « cadre/non cadre » qui s'aligne sur tous nos beaux tableaux de bord et qui génère conflits et frustrations durables. Nos voisins européens travaillent bien quand même !

Même le recrutement a sa propre tonalité. Ainsi, lorsque j'ai eu à réaliser mes premiers entretiens de recrutement en Belgique francophone, le bureau belge étant très précisément à 10 km de mon lieu de travail habituel, je ne m'étais pas préparée à de telles difficultés. Mais quand mon premier candidat m'a expliqué « qu'il avait passé son graduat à 20 ans » et « qu'il ne saurait pas savoir s'il allait travailler en anglais », j'ai bien été obligée de reconnaître que je travaillais bien à la mobilité internationale : je ne comprenais pas un mot de ce que le candidat me disait...

☞

Le travail au quotidien est lui-même teinté de cet « exotisme de l'ailleurs ». Traiter du sujet de la retraite en France – sujet souvent évoqué lors des rémunérations – sonne relativement tristement, un peu comme défaite, abandon ou fin. Le ton n'est évidemment pas le même pour nos collègues espagnols pour lesquels « retraite » se dit « la jubilacion » ! Et je passe sur toutes ces situations où l'utilisation d'une langue étrangère est parfois un peu bancale, comme ce jour où, afin d'organiser une réunion, j'ai appelé mon homologue suédois pour fixer « a date » (rendez-vous sentimental). Il n'était pour moi que 7 h 30 du matin et son éclat de rire a illuminé toute ma matinée !

En fait, quels que soient les pays concernés, il suffit d'assez peu de choses pour remettre en question les faibles certitudes de notre expertise. Et si la structure est émergente à l'international, le GRH sera seul sur la France à fournir ce type d'effort, le directeur international étant très souvent en déplacement et le contrôleur de gestion international moins sensible à la proximité terrain.

Dans ce contexte, il s'installe alors des échanges intenses entre le collaborateur et son GRH. Le GRH accompagne la mobilité internationale – du mieux qu'il peut – et le collaborateur est un important (voire unique) pourvoyeur d'informations d'un contexte trop lointain pour être maîtrisé. Il se crée alors une complicité un peu unique faite de mots étrangers et de décalage horaire, mais pas seulement. Il y a d'une part, une réelle curiosité admirative pour celui qui « voyage », qui « ose », qui « parle quatre langues »... et dont l'accompagnement nous oblige à nous dépasser, à apprendre un peu de « ces quatre langues », ou de ces pays, ou de ces rites... et à s'adapter. Et d'autre part, ces échanges, plus intimes, sur la famille qui suit ou qui suivra, les enfants qui s'adaptent ou pas, la solitude et le doute, parfois.

Ce que l'on pense perdre dans la densité de la relation au quotidien avec le collaborateur à l'étranger, on le gagne en curiosité, ouverture d'esprit, humilité sur son métier et en intimité sur les échanges. Et le binôme, quand il marche bien, est passionnant.

Alors, la déception est encore plus grande.

Car si ces gens-là sont plutôt dégourdis, inventifs, audacieux – c'est même pour ça qu'on les envoie loin – ils peuvent également l'être à leur propre profit. Les qualités nécessaires à la réussite à distance se voient dédiées à la réussite de l'entreprise, mais également souvent à celle du salarié. Et la distance, la différence (de langues, de mœurs, de cultures...) sont autant d'excellents camouflages.

☞

Il y a celui qui tarde, d'un mois sur l'autre, à envoyer la copie des bulletins de salaires parce que « dans son pays, il n'y a pas de bulletins de salaire » et que donc, il faut extraire un listing très précis et ce n'est pas si simple. Jusqu'au jour où à force d'insistance on obtient tout de même une forme de reporting qui indique que... celui qui est parti là-bas comme directeur financier s'est octroyé un salaire du double de celui initialement négocié – et a trompé à la fois le patron sur place (qui ne connaît pas les documents nécessaires à la construction des contrats en France) et la DRH. Il y a celui qui, sans jamais informer, a transformé son indemnité de logement en investissement immobilier, et quitte ainsi le pays d'accueil en revendant un bien immobilier qu'il n'était pas supposé avoir... Et celui qui s'est fait financer une voiture de fonction hors catégorie (en profitant de ma méconnaissance des marques de voiture – surtout quand elles sont notifiées en suédois) et revendique, à son retour, un maintien de ce standing « vu qu'il perd déjà son logement de fonction et qu'il a besoin d'une voiture sur son nouveau poste... »

Bien sûr, on peut toujours dire que plus la structure qui « internationalise » est petite et moins elle dispose de processus rodés et d'interlocuteurs sur place pour aider et / ou contrôler. Mais le problème est-il seulement là ? La difficulté intrinsèque de la mobilité internationale ne se retrouve-t-elle pas justement dans le fait que s'il faut des profils atypiques pour réussir là où rien ni personne ne va les aider, ces mêmes profils portent en eux les mécanismes de la remise en cause de l'existant, de l'affranchissement des règles, d'une certaine dose de ruses...

La capacité d'autonomie, si importante en développement de business est également tentante quant aux règles de la maison mère – « inapplicables dans ce pays » ; la capacité d'innover dans un environnement différent s'applique aussi sur certaines règles disciplinaires – « trop contraignantes à l'étranger » ; l'audace et l'énergie d'aller s'implanter là où personne ne vous attend génèrent peut-être de facto une certaine forme d'orgueil et de mauvaise foi « pas vu, pas pris ». Le résultat est souvent douloureux : incompréhension (ou mauvaise foi) du collaborateur, sentiment de trahison du GRH qui s'est laissé éblouir.

Est-ce à dire alors que le rôle de la RH vis-à-vis de ces profils identifiés « forcément très autonomes » n'est pas vraiment dans le développement mais bien surtout dans le contrôle, forcément nécessaire ? À la solitude de l'expatrié s'ajoute la solitude du GRH dont le rôle devient très ingrat ; à la frustration de l'éloignement s'ajoute le rôle du contrôle, sauf à être une RH de mauvaise foi...

Section 3 LES NOUVELLES PRÉROGATIVES DE LA FONCTION RH À L'INTERNATIONAL

Dans cette section, nous étudions la façon dont quatre problématiques RH (gestion des carrières, gestion des rémunérations, gestion des systèmes d'informations RH et gestion de la responsabilité sociale de l'entreprise) sont gérées au niveau des DRH internationales.

1 La gestion des carrières

Dans les grands groupes, l'expatriation est traditionnellement réservée aux cadres expérimentés dont les compétences managériales doivent contribuer à exercer un contrôle plus étroit des activités. Le profil recherché est par conséquent des responsables de haut niveau, ayant déjà dirigé des centres de profit et dotés d'une expérience à l'international.

Mais la mobilité internationale des cadres peut également concerner des collaborateurs plus jeunes, appelés à un brillant avenir au sein du Groupe. Elle touche, dans ce cas, principalement des personnes à haut potentiel (Bournois, Roussillon, 1998), célibataires de préférence ou mariés sans enfant, qui présentent un esprit tourné vers l'international (ouverture d'esprit, capacités managériales, gestion du stress). Ces jeunes cadres sont généralement envoyés à l'étranger, pour acquérir une première expérience internationale et développer leurs facultés d'adaptation à un environnement nouveau et peu familier. L'expatriation est par conséquent un moyen de révéler des personnes talentueuses et autonomes, capables de se remettre en cause face à des situations nouvelles ou imprévues (Cerdin, 1999). Elle constitue d'ailleurs un passage quasi-obligé pour les personnes souhaitant accéder rapidement à des postes de responsabilités. La mobilité internationale intervient en effet à différents stades de la progression de carrières et s'impose donc comme un des facteurs clés de la labellisation du cadre à haut potentiel puis de son évolution vers le statut de cadre dirigeant. Elle est un moyen d'apprécier les qualités de résistance physique, psychologique et professionnelle face à des changements facteurs de stress et d'anxiété.

Pour les entreprises, gérer les carrières répond à des objectifs multiples. Parmi les principaux, on en distingue huit :

- Fournir à l'organisation au bon moment les effectifs appropriés.
- Procurer à l'organisation des employés possédant les compétences requises pour effectuer leurs tâches et assumer leurs responsabilités.
- Améliorer sa flexibilité.
- Mettre en place une relève de qualité.
- Renforcer la communication et la culture d'entreprise.
- Mobiliser, impliquer et fidéliser les salariés.
- Permettre l'employabilité des salariés.
- Identifier des hauts potentiels.

Ces différents objectifs conduisent l'entreprise à mettre en place un système de carrière que l'on peut définir comme « un ensemble d'éléments interreliés, plus ou moins cohérents qui sont à la fois interdépendants du marché externe du travail et organisés de façon à tenter d'en être indépendants » (Falcoz, 2004).

Dans le cadre de la GIRH, même si le processus d'internationalisation conduit de plus en plus de salariés à développer au moins une expérience professionnelle à l'étranger, l'expatriation comme parcours normalisé de carrière concerne essentiellement les cadres qualifiés de « potentiel ».

D'après Falcoz (2004) la notion de potentiel s'applique à un futur possible (évolution prévisionnelle de l'individu) et renvoie aussi bien aux caractéristiques de personnalité, des comportements, que des compétences prouvées de l'individu (notion de globalité). De plus, il n'explique pas à proprement parler une définition uniforme du concept qui, de plus varie selon le contexte organisationnel et les valeurs de l'entreprise concernée.

Sur un plan plus pratique, Cadin, Guérin et Pigeyre (2007) précisent que dans les entreprises le potentiel renvoie à la capacité à évoluer rapidement dans la hiérarchie pour devenir à terme dirigeant et s'intéresse donc essentiellement aux capacités à manager de l'individu.

En fonction des entreprises, les méthodes d'identification des potentiels sont assez variables (prise en compte du diplôme ou pas, valorisation des performances passées...) mais dans la plupart des cas, un salarié est qualifié de « potentiel » sur la base de la convergence de plusieurs avis exprimés par des responsables hiérarchiques en fonction d'informations collectées auprès de collègues, de pairs ou de clients en contact avec le cadre concerné (Cadin *et al.*, 2007).

Bournois et Roussillon (1998) montrent que tous les dispositifs de hauts-potentiels sont structurés en trois parties : la détection (comités de carrières, entretien de groupe...), le développement (université d'entreprise, groupes projets, missions à l'international, coaching, formations de type MBA...), et le suivi (gestion personnalisée avec des rémunérations attractives et des mobilités fréquentes).

Pour être reconnu comme haut potentiel, il faut réaliser des performances supérieures à la moyenne et des bonnes évaluations des différentes parties prenantes (360 ou 540 degrés). Il faut aussi avoir réussi les mises en situations et les tests de personnalité proposés. De même, il faut de plus en plus maîtriser plusieurs langues parfaitement. Enfin, l'entrée ou la sortie du groupe des « hauts potentiels » n'est jamais figée. Cela dépend du parcours futur du manager (succès professionnels, obtention d'un diplôme, réussite à l'international). En revanche, après 40 ans, un manager a très peu de chance d'intégrer ce type de programme.

Pour les potentiels, la mobilité internationale (notamment l'expatriation : mission supérieure à un an) est devenue un passage obligé. C'est un moyen de tester le manager et sa capacité à réussir dans des contextes difficiles (culture différente, équipe multiculturelle, nouvelle législation...). À ce titre, la progression de carrière est conditionnée par plusieurs passages réussis à l'international.

En adaptant les travaux d'Adler et Fariborz (1993), Bournois (1999) montre que la constitution d'un corps de cadres à haut potentiel géré à l'échelon international n'apparaît véritablement qu'avec une présence solide dans plusieurs pays.

Comme nous venons de le voir, la gestion internationale des carrières concerne aujourd'hui essentiellement les hauts potentiels, les managers et les experts. On peut penser, que dans un avenir proche, la mobilité internationale s'inscrira comme une norme de carrière pour des populations élargies des entreprises, rendant cette fonction centrale au sein des directions RH.

Tableau 2.14 – Gestion des hauts potentiels et stade d'internationalisation de l'entreprise

	Phase 1. Démarrage d'une unité nationale	Phase 2. Croissance et internationalisation	Phase 3. Multinationalisation	Phase 4. Mondialisation
1. Qui envoyer ?	Cadre du marketing et du commercial.	Cadre du marketing et du commercial. Directeurs financiers et experts techniques.	Directeurs de filiales et cadres financiers comme expatriés. Recours aux cadres à potentiel des filiales comme impatriés.	Cadres à haut potentiel et cadres supérieurs.
2. Objectif de la mission à l'étranger	Remplir une mission précise (souvent d'ordre technique).	Missions techniques.	Missions élargies et développement de carrières pour certains cadres.	Développement de carrière et contribution à l'intégration organisationnelle.
3. Composition de l'équipe dirigeante	Même nationalité que celle du siège.	Même nationalité que celle du siège.	Apparition d'une petite minorité de salariés de pays tiers.	Équipe multinationale.
4. Impact sur la carrière du cadre envoyé	Pas nécessairement bon pour la carrière.	Plutôt mauvais pour une carrière dans le pays d'accueil.	Important pour une carrière internationale.	Passage essentiel pour accéder au statut de dirigeant.

Source : Bournois (1999) d'après Adler et Fariborz (1993).

2 La gestion des rémunérations

La rémunération est un élément clé de la GIRH. Il est important de distinguer les questions liées à la gestion des expatriés des questions de détermination des politiques générales de rémunérations.

Au niveau de chaque expatriation, nous avons vu précédemment :

- qu'elle pèse financièrement sur l'entreprise qui doit chercher à maîtriser et optimiser le coût des mobilités internationales ;
- et qu'elle représente l'un des facteurs de déclenchement du désir de mobilité chez le salarié.

Ainsi, comme l'indique Aubry (2004), la mise en place d'un package d'un expatrié doit respecter trois impératifs :

- avoir un effet incitatif suffisant ;
- éviter la surenchère financière : l'objectif est de contrôler les coûts de l'expatriation ;
- répondre aux attentes du salarié (maintien du pouvoir d'achat).

Exemple – La politique de rémunération des expatriés chez PSA

Le salaire d'un salarié expatrié est calculé sur la base d'un salaire de référence qui correspond au salaire du pays d'origine déduit de la part réservée au logement et du montant virtuel des impôts qu'il aurait payé dans son pays d'origine. À ce salaire net social et fiscal est ajoutée une prime de mobilité dont le montant varie en fonction du pays d'expatriation (éloignement, dépaysement, dangerosité, adaptabilité, etc.). Ces salaires sont réévalués annuellement par le pays d'origine. Le salaire de mobilité (salaire reçu pendant l'expatriation tenant compte de l'ensemble des calculs et prime) comprend une part locale (son montant est calculé en fonction du coût de la vie) et une part de consommation différée. La figure 2.4 résume la politique de PSA.

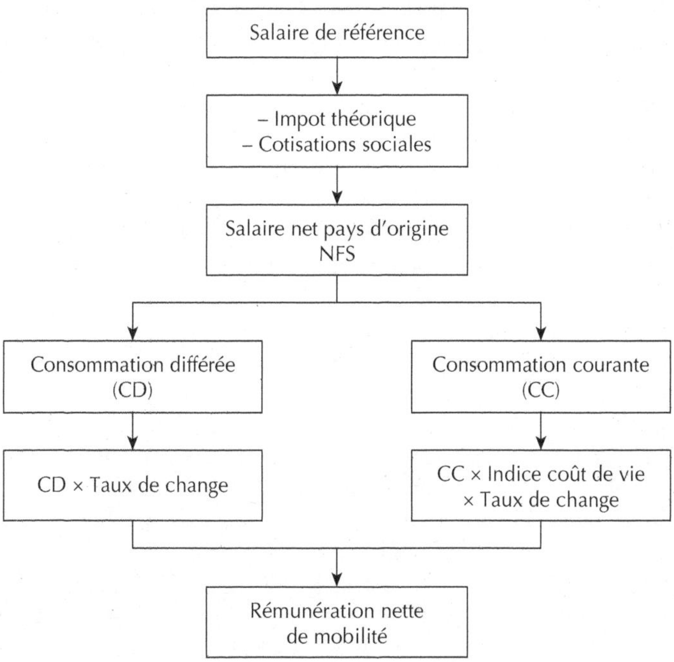

Figure 2.4 – Politique de rémunération des expatriés chez PSA

Cependant, le processus d'internationalisation conduit également les entreprises à mettre en place des politiques de rémunération au niveau mondial. Ainsi, une étude menée par Watson Wyatt Worldwide auprès de 275 multinationales (novembre 2006) révèle que 56 % d'entre elles ont institué une structure centralisée pour gérer certaines questions de rémunération telles que la rémunération des dirigeants (92 %), la rémunération variable de long terme (79 %), les questions de prévoyance (87 %) et de retraite (83 %), les rémunérations de performance managériale (48 %).

Focus

Les tendances des politiques de rémunération en 2013

Face au contexte économique en 2013 (crise économique, alourdissement de la législation fiscale, forte incertitude, réduction des capacités financières des entreprises, hypercompétition), les entreprises internationales ont mis en place de nouvelles pratiques caractérisées par :

– la montée des outils non monétaires, le plafonnement des rémunérations variables ;
– l'encadrement de la rémunération des dirigeants ;
– la généralisation de l'individualisation des rémunérations mais avec la fixation de nouveaux critères dont des critères RSE (sociaux, sociétaux et environnementaux) ;
– la recherche d'équité, de transparence et d'objectivité.

Ces systèmes de rémunérations doivent respecter onze principes généraux tels que :

- Clarté et transparence
- Simplicité
- Objectivité (élaboré à partir de critères objectifs)
- Équité (justice sociale)
- Flexibilité (capacité d'adaptation, capacité à faire évoluer les règles)
- Capacité d'incitation (motivant, encourage l'implication)
- Qualité du processus de décision
- Lié à la stratégie
- Compétitif
- Fédérateur (reconnaît la dimension collective) et segmenté (moduler en fonction des métiers, des statuts, etc.)
- Contrôlé (maîtrise de la masse salariale)

La conception d'une politique de rémunération dans un contexte global ne déroge pas à certaines règles qui peuvent s'appliquer à un système national :

- Elle doit respecter une certaine *équité* et notamment trois types de « justice » :
  - la justice distributive : les rétributions sont distribuées de façon équitable en fonction des contributions de chacun),
  - la justice procédurale : le système de rémunération utilise des critères précis et pertinents (neutralité de la procédure), a une structure salariale claire et pertinente, respecte les politiques affichées (pas de décalage entre le discours et le réalisable), est transparent (les méthodes utilisées sont connues) et rend le salarié acteur à un degré de contrôle sur les processus menant aux décisions salariales (évaluation des emplois et du rendement) et sur les décisions en matière de rémunération (augmentations ou répartition des primes de la performance),
  - la justice interactionnelle : le salarié obtient-il de la part de ses supérieurs et des autres acteurs le respect et la reconnaissance qu'il pense mériter. Il dispose notamment de possibilités de recours (peut donner sa version des faits, peut solliciter le responsable RH ou son N+2 en cas de désaccord avec son manager) ;
- Elle doit respecter certains *équilibres* :
  - l'équilibre financier (maîtrise de la masse salariale),
  - la cohérence externe (salaires équivalant à ceux pratiqués par la concurrence pour le même type de postes),
  - l'équilibre mobilisation individuelle/coopération (individualiser les rémunérations pour mobiliser chaque collaborateur spécifiquement sans remettre en cause les performances collectives) ;
- Elle doit aussi répondre à certaines questions (choix des *paramètres* de la politique) :
  - Quel pourcentage et quel type de rémunération variable ?
  - Quel pourcentage et quel type de rémunération fixe ?
  - Quelle répartition entre individuel et collectif ?
  - Quelle répartition entre rémunération immédiate et rémunération différée ?
  - Quel est le degré de liberté de l'entreprise (incidence du marché) ?

Par exemple, le groupe Total précise les différents types de rémunération présents dans son système de rémunération (*cf.* tableau 2.15) en y intégrant une dimension intangible (rétribution qualitative).

Tableau 2.15 – Présentation du système de rémunération du groupe Total

<table>
<tr><td>Intangible</td><td>Équilibre vie privée-travail
Ambiance de travail
Développement</td><td></td><td colspan="2" rowspan="3">= Rémunération Totale</td></tr>
<tr><td rowspan="5">Tangible</td><td>Voiture
Clubs
Assistance</td><td>= Autres avantages</td></tr>
<tr><td>Retraite
Prévoyance
Congés
Avantages</td><td>= Avantages sociaux</td></tr>
<tr><td>Actionnariat-Options
Bonus Long terme</td><td>= Variables Long Terme</td><td></td><td rowspan="3">= Rémunération Directe</td></tr>
<tr><td>Primes spot
Bonus/Part variable</td><td>= Variable annuel</td><td rowspan="2">= Total Cash</td></tr>
<tr><td>Salaire de base
Primes statutaires</td><td>= Base Espèce</td></tr>
</table>

Source : Présentation DRH Groupe Total, Club Oras Cidem, juin 2003 (d'après Aubert-Monpeyssen et Sire, 2007).

Cela permet ensuite, de positionner les différents éléments de la rémunération dans des matrices et de préciser la politique globale choisie par l'entreprise.

Au niveau des multinationales, on peut constater deux grandes tendances de fond concernant la politique de rémunération :
- la variabilisation des rémunérations dans la mesure où elle :
- assure une plus grande adéquation entre les ressources financières de l'entreprise et les dépenses (masse salariale),
- limite le risque de l'entreprise en ne déclenchant la rémunération de ses membres qu'à partir du moment où elle en a les moyens financiers,
- motive les collaborateurs qui, pour percevoir la partie variable de leur rémunération, vont faire en sorte d'accroître leurs performances ;
- l'individualisation des rémunérations avec l'instauration :

– de « cafétéria plans » (possibilité de choisir entre les différentes composantes de la rémunération globale),
– et de matrice d'augmentations individuelles (*cf.* tableau 2.16).

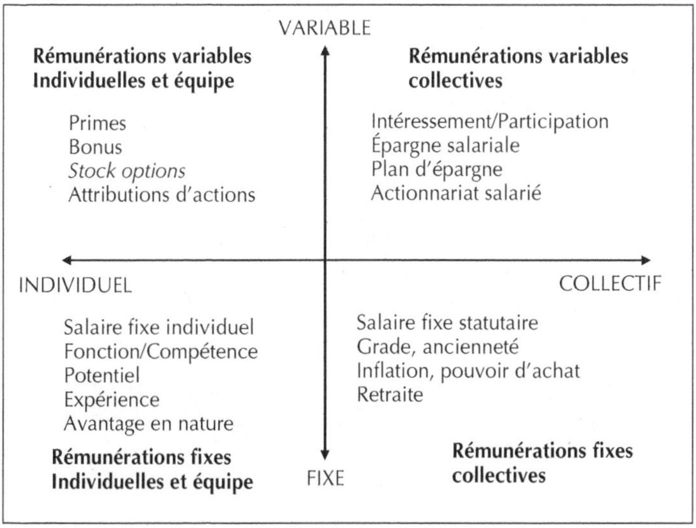

Figure 2.5 – Positionnement des éléments de rémunérations selon l'axe « rémunérations fixes/variables » et « rémunérations individuelles/collectives »

Tableau 2.16 – Exemple d'une matrice d'augmentation individuelle

Niveau de rémunération	Évaluation (–)	Évaluation (0)	Évaluation (+)	Évaluation (++)
4ᵉ quartile	0	0	+	++
3ᵉ quartile	0	0	+	+++
2ᵉ quartile	0	+	++	++++
1ᵉʳ quartile	0	+	+++	++++

1ᵉʳ quartile : 25 % des salariés les moins payés de sa plage, 2ᵉ quartile : salariés payés en 25-50 % de sa plage ...+ : augmentation minimale, ++ : médiane ; +++ : significative ; ++++ : maximale

De plus, l'internationalisation des échanges a entraîné l'apparition d'une nouvelle fonction RH dans les entreprises : la fonction « *compensation and benefits* » dont les missions sont de :

- assurer un minimum de cohérence entre les implantations des différents pays ;
- attirer et fidéliser les hauts potentiels et les hautes performances (marché mondial) ;
- gérer la rémunération des expatriés ;
- offrir à chaque salarié (notamment les cadres) une solution de rémunération adaptée dans une logique d'optimisation globale.

Tableau 2.17 – Pourcentage de la rémunération globale des collaborateurs attribué à la paie variable dans 10 pays européens

Pays	Pourcentage
Autriche	5-15 % dans le secteur industriel, 30 % secteur high-tech et service
Allemagne	5-27 %
Espagne	10-20 %
Finlande	5 %
France	8,2 %
Italie	3-5 %
Norvège	< 10 %
Pays-Bas	10-15 %
Royaume-Uni	2,9-5 % pour la compensation variable sur performance 5-9 % pour la compensation variable sur les profits
Suède	25 %

Plus concrètement, les collaborateurs en charge de cette fonction réalisent des diagnostics des rémunérations (benchmark, optimisation fiscale, pratiques existantes), construisent des plans d'actions « Rémunérations » (packages individualisés et standards, propositions d'avantages...) et assurent le pilotage des rémunérations (indicateurs et mesures, attentes et satisfaction des salariés).

Focus

Partage de la valeur ajoutée dans les entreprises internationales

Mettre des politiques de rémunérations harmonisées au niveau d'un groupe est l'un des enjeux clés qui poussent les entreprises à réfléchir au moyen de préserver l'équité entre leurs salariés quelle que soit leur localisation. Ainsi, certaines entreprises ont fait le choix d'élargir le bénéfice de l'intéressement et de l'actionnariat salarié à leurs collaborateurs non français à l'étranger. C'est le cas de L'oréal depuis 2011 (45 000 salariés), de Renault, de Safran ou de Schneider Electric. Par exemple, Poclain a mis en place une « charte chapeau » qui définit les critères – exclusivement mondiaux – de l'intéressement qui permet à chacune de ses 23 filiales de s'y rattacher (chaque filiale reçoit une enveloppe correspondant à sa masse salariale).

Source : *Entreprise et Carrières*, n°1099, du 5 au 11 juin 2012.

Ces comparaisons inter-pays sont rendues difficiles en raison de cinq principaux facteurs :

- les politiques de prélèvements fiscaux et sociaux différenciés selon les pays (prise en compte des impôts indirects tels que la TVA) et les prestations publiques et sociales auxquelles ces impôts et cotisations donnent droit en termes d'éducation (enseignement public de qualité), d'allocations familiales (par exemple : dès le premier enfant en Allemagne, pour garde d'enfant à domicile en France), de soins et de prestations santé ;
- le différentiel de coût de la vie selon les pays ;
- les différentiels de rémunération au sein d'un pays en fonction des caractéristiques personnelles (par exemple : le classement des pays qui paient le mieux les cadres varie selon la situation famille, le niveau de rémunération et le secteur d'activité) ;
- la prise en compte des aspects qualitatifs dans les comparatifs dont le temps de travail, les congés payés et les jours fériés pour déterminer le nombre d'heures réellement travaillées, l'âge de départ à la retraite, le montant de la pension… ;

- la prise en compte d'éléments ne figurant pas sur la fiche de paie tels que la participation, les avantages en nature (par exemple : en Angleterre, les avantages en nature représentent un tiers du salaire avec 95 % des cadres ayant à disposition une voiture de fonction).

Plus généralement, les facteurs institutionnels impactent les politiques de rémunérations au sein d'un pays. Par exemple, plusieurs études pointent que plus la pression syndicale est forte dans un pays, plus l'échelle de rémunération est compressée, les syndicats étant traditionnellement opposés à la rémunération de performance. De même, les avantages sociaux fournis par les entreprises dans un pays dépendent des avantages sociaux fournis par l'État. Ainsi, en France, les avantages sociaux fournis par l'État étant conséquents, les salariés sont plutôt attirés par la politique de rémunération monétaire que peuvent fournir les entreprises. À l'inverse, en Chine où les avantages sociaux étatiques sont faibles, les salariés sont fortement intéressés par les avantages sociaux que proposent les entreprises. De plus, les normes sectorielles dictent en partie les politiques de rémunération (nécessité de s'aligner sur les pratiques de concurrents). Enfin, les politiques nationales (salaire minimum...) et les caractéristiques du marché du travail (situation de pénurie ou d'excédent, niveau de qualification...) peuvent impacter une politique de rémunération au sein d'un pays.

3 Les SIRH

Dans les entreprises internationales, le système d'information RH est indispensable pour la prise de décision et la coordination des actions. En effet, la coordination des pratiques entre les différentes filiales et centres de profit, est une priorité pour les directions générales des grands groupes. Ainsi, les politiques RH peuvent contribuer à cette nécessaire coordination à travers les dispositifs de formation, les réseaux informels de communication, la (les) langue(s) de travail, les modalités de fixation d'objectifs... Un SIRH peut alors se définir comme « un système permettant d'acquérir, de stocker, de manipuler, d'analyser, d'extraire et de distribuer des informations pertinentes au regard des ressources humaines d'une organisation » (Tannenbaum, 1990 : 27)[1].

1. Tannenbaum (1990). Traduction de : « The HRIS is the system used to acquire, store, manipulate, analyze, retrieve and distribute pertinent information regarding an organization's human resources » (p. 27).

EXEMPLE – Safran : un nouvel intranet mondial

Safran (60 000 collaborateurs) s'est doté un intranet mondial afin de forger une identité de groupe, d'uniformiser sa communication interne, et de stimuler les échanges entre les filiales (renforcer la coopération). Pour créer ce sentiment d'appartenance, 120 communautés de métiers virtuelles ont été mises en place.

Source. Entreprise & Carrières, n°1091, du 10 au 16 avril 2012.

Comme l'indique Tixier (2007), un SIRH a comme fonction « d'aider le DRH à identifier des chantiers d'action, à évaluer la pertinence de certaines décisions, à anticiper des changements organisationnels et à les piloter ». Plus précisément les DRH vont adopter un tel système d'informations afin d'accroître l'efficience – en termes de productivité, de respect des délais et de qualité de la décision – et la rapidité des différentes activités de la fonction (recrutement et sélection, gestion du personnel, management des compétences, formation, politique de rémunération, gestion des connaissances...). Il est toutefois à noter qu'au-delà des difficultés traditionnelles en système d'informations pour faire adopter des technologies par les utilisateurs finaux, les SIRH posent également le problème de la redéfinition, voire de la transformation des processus RH dont la résolution se révèle bien souvent un facteur clé de succès dans la mise en œuvre de ce type de système.

Il n'en demeure pas moins que le SIRH reste un outil de gestion et n'est pas en mesure de rendre compte de la complexité culturelle et des aspects psychosociologiques. À ce titre, une trop grande instrumentalisation de la fonction RH internationale serait contre productive.

Cas d'entreprise

Mise en place d'un SIRH au sein du groupe Rexel

En 2000, Rexel décide de mettre en place un SIRH dans l'ensemble de ses filiales. Si le produit de départ a été formaté par la direction (démarche top down), un certain nombre d'ajustements locaux est envisagé pour tenir compte des contextes locaux. Ainsi, entre 2000 et 2002, quatre pays font l'objet d'une opération pilote pour tester le modèle. Le tableau 2.18 présente les spécificités et les changements intervenus au sein de chacune de ces filiales.

☞

Cet exemple montre que les modes d'adoption des outils RH sont hétérogènes dans les filiales d'un même groupe. En effet, un SIRH unique apparaît difficilement transposable (prédominance des logiques locales). Son application opérationnelle devient de ce fait une co-construction initiée par les acteurs clés en fonction de leur problématique locale.

Dans le cadre des multinationales, Tixier (2007) précise qu'un des enjeux organisationnels est de : « concilier les contraintes locales avec les impératifs du groupe : Cela signifie que le changement doit être réalisé avec une certaine uniformité, mais en respectant les besoins des filiales. Concrètement, le changement est global dans une large mesure mais laisse une flexibilité relative d'adaptation aux marchés. Au niveau du changement organisationnel, la FMN détermine et orchestre ce changement en partant du siège, tout en laissant une marge de manœuvre au niveau des filiales. Cet espace de liberté des filiales peut prendre plusieurs formes. Parfois il s'agit uniquement de donner des délais variables d'implantation du système aux filiales. Celles-ci pourront alors s'organiser et préparer le déploiement du SIRH. Il peut s'agir également d'un degré d'usage et de non-usage laissé à la discrétion de la filiale. Certains groupes considèrent que si les filiales utilisent le SIRH, ne serait-ce que 10 % du système, cela constitue un succès. Enfin dans certaines multinationales, le choix du SIRH est laissé aux filiales avec une contrainte de compatibilité. Les implications organisationnelles varient donc en fonction du mode de déploiement du SIRH et de la pression coercitive qui s'y rattache. Dans le cadre d'un SIRH imposé, les implications organisationnelles sont directement liées au système choisi et peuvent être importantes. À partir du moment où le SIRH formalise et fige des procédures RH identiques pour l'ensemble des filiales, celles-ci vont devoir adopter les mêmes procédures. Par le paramétrage qui induit une formalisation qui s'inscrit dans le temps, le SIRH devient un levier d'évolution des pratiques de GRH. Les implications organisationnelles varient donc en fonction du degré de coercition d'usage du SIRH dans les filiales. Si ce degré est élevé, le changement sera important; si ce degré est plus faible, les filiales continueront à fonctionner comme auparavant en utilisant uniquement un outil de plus. »

Source : Tixier, 2007.

☞

Tableau 2.18 – Mise en place du SIRH dans 4 filiales du groupe Rexel

Filiales	Royaume-Uni	Belgique	Espagne	Italie
Taille	1 300 personnes	390 personnes	308 personnes	430 personnes
Niveau stratégique de la DRH	Forte intégration de la DRH à la stratégie. Liens étroits avec la DG.	Forte implication de la DG dans les problématiques de GRH qui exécute les directives.	DRH récent, qui cherche à définir les axes stratégiques de sa fonction.	« Vide stratégique » : très forte incertitude et peu/pas de visibilité.
Mode d'implantation du SIRH	Test sur la plus petite structure dans un premier temps, puis implantation à plus grande échelle.	Intégration du SIRH dans le cadre d'un changement du système de paie.	Diagnostic *a priori* des modes de gestion et des orientations stratégiques de la DRH.	Diagnostic *a priori* des modes de gestion et des orientations stratégiques de la DRH.
Moment d'implantation du SIRH	Septembre 2001 pour la première structure.	Mars 2002 ; 6 mois après la fusion.	Juin 2002. 4 mois de préparation avec l'équipe du SIRH.	Septembre 2002. Préparation de 6 mois avec l'équipe du SIRH.
Rôle du SIRH	Moyen de prendre le leadership sur la zone Europe.	Moyen de mettre en place des outils et procédures RH.	Moyen d'harmoniser les pratiques régionales et de diffuser des pratiques RH au sein de la filiale.	Moyen de créer des procédures de GRH et de les communiquer.
Attitude de la filiale face au SIRH	Adoption Active (fort usage managérial, forte adhésion à la maison mère, appropriation).	Adoption par assentiment (avis favorable, adhésion mais avec usage restreint par manque de ressources).	Adoption cérémoniale (pas d'adhésion à la démarche mais logique de conformité sociale).	Adoption cérémoniale (pas d'adhésion à la démarche mais logique de conformité sociale…).

D'après Tixier, 2004.

4 La RSE

La responsabilité sociale (RSE) fait partie intégrante du nouveau modèle de gouvernance des entreprises à l'international avec des répercussions profondes sur la gestion et le management des entreprises. On peut définir la RSE comme « l'intégration volontaire des préoccupations sociales et écologiques des entreprises à leurs activités commerciales et leurs relations avec toutes leurs parties prenantes internes et externes (actionnaires, personnels, clients, fournisseurs, collectivités humaines...) et ce afin de satisfaire pleinement aux obligations juridiques applicables » (CCE, 2001). Comme précisé par Bakker *et al.* (2005), les questions liées à la responsabilité sont présentes dans la littérature depuis les années 1950 en distinguant cinq phases qui conduisent à une structuration du champ :

- la phase de gestion et d'innovation (années 1960) ;
- la phase de développement et d'expansion (années 1972-1979) ;
- la phase d'institutionnalisation (1980-1987) ;
- la phase de maturité (1988-1996) ;
- la phase de généralisation (après 1996) : phénomène de mode, effet marketing, déclin ou nouveaux standards de gouvernance.

Dans la même lignée, Mohan (2006) montre que différents concepts sont associés à la RSE et qu'ils sont apparus progressivement dans le temps (par exemple : Mécénat et éthique des affaires dans les années 1950, Gestion des parties prenantes dans les années 1980, développement durable dans les années 1990, entreprise citoyenne en 95...).

Cependant, depuis 2002, la loi française (loi NRE) rend obligatoire pour chaque entreprise cotée, la publication d'un rapport développement durable détaillant « la manière dont les entreprises prennent en compte les conséquences sociales et environnementales de leur activité » (art. L. 225-102-1). Au-delà de la loi française, Igalens (2007) indique qu'environ 2 000 multinationales à travers le monde rendent compte de leur responsabilité sociale dans le cadre d'un rapport annuel sous la pression de différents principes internationaux émis par différentes organisations internationales (Pacte mondial de l'ONU, principes de l'OCDE, ISO 9001 et ISO 14001, SA 8000, OIT...). En particulier, l'auteur pointe que « la RSE suppose que l'entreprise respecte les obligations légales de tous les pays dans lesquels elle intervient mais aussi qu'elle aille au-delà en respectant des principes d'action et en développant des politiques plus ambitieuses dans les domaines sociaux et environnementaux ».

Buyens et De Vos (2001), en réutilisant la grille d'Ulrich (1997) précisent la façon dont la fonction RH peut s'impliquer dans les questions de RSE :

- DRH « stratège » (Business Partner) : traduction des stratégies de RSE dans les politiques et pratiques de RH, Coaching des managers pour leur faire respecter les questions de RSE, rôle de mise en œuvre des principes de la RSE ;
- DRH « acteur du changement » : recherche de l'équilibre avec les besoins des individus et les objectifs de l'organisation ; intégration des pratiques de RSE dans les processus de gestion du changement ; dépassement des freins à l'adoption de la RSE ;
- DRH « champion des salariés » : utilisation de la RSE pour promouvoir une GRH humaine et éthique ; faire en sorte que les pratiques de la RSE soient en cohérence avec les objectifs visant à développer l'engagement, la motivation et la confiance des collaborateurs ; valoriser les actions citoyennes des collaborateurs ;
- DRH « expert administratif » : gérer les coûts engendrés par la RSE ; contrôler les programmes de la RSE et assurer leur succès ; prendre en compte les contraintes légales et sociales associées à la RSE.

De même, Webster et Collins (2002) précisent que les enjeux sociaux liés à la RSE appellent de la part de la fonction RH une reformulation de certaines de ses politiques :

- enjeu « différentiel de compétences pour les femmes, les seniors et minorités » : mise en place de programmes d'équité, d'accès à l'emploi et de « discrimination positive » ;
- enjeu de « l'employabilité » : redéfinition du contenu des emplois pour favoriser la polyvalence et la variété des tâches, nouvelle politique de gestion des carrières ;
- enjeu de l'exclusion sociale pour les salariés marginalisés : formation tout au long de la vie pour les salariés faiblement qualifiés, les jeunes et les seniors ;
- enjeu « carrière des salariés à temps partiel » : gestion de la flexibilité et plan de développement des salariés à temps partiel ;
- enjeu « développement des collaborateurs » : programme de formations en relation avec les plans de carrière, parcours de carrières transparents...

Enfin, Igalens (2007) montre que la fonction RH connaît un certain nombre d'évolutions sous l'influence de la RSE et notamment dans trois grands domaines : les codes de bonne conduite (développement des chartes éthiques, optimisation de la santé et de la sécurité au travail, gestion de la discrimination, représentation syndicale...), l'employabilité et la diversité.

Focus

Facteurs contextuels favorisant l'intégration de la RSE sur les pratiques RH

L'auteur montre que les pressions poussant les entreprises à adopter une démarche de RSE sont essentiellement externes et incluent notamment :

- l'amélioration de la marque « employeur » et de la réputation de l'entreprise ;
- l'instauration d'une notation sociale classant les entreprises sur des critères de performance sociale et citoyenne ;
- la pression des ONG qui pousse à une transparence des pratiques des multinationales ;
- les nouvelles attentes des consommateurs prêts à boycotter certains produits ;
- la montée des fonds éthiques ;
- l'influence des institutions internationales (ONU-Global compact, CEE...) ;
- le changement climatique ;
- le besoin des entreprises d'améliorer leurs relations avec leurs parties prenantes ;
- le désir d'améliorer les relations avec les pouvoirs publics pour éviter des régulations futures ;
- la diminution de l'engagement et de l'investissement des salariés dans l'entreprise.

Source : Zappalà, 2004.

Cet engagement de la fonction RH dans la RSE est aussi perçu comme un facteur de performance pour l'entreprise sur différentes dimensions RH. Ainsi, plusieurs travaux montrent que des entreprises disposant d'une forte réputation et de programmes RSE sont perçues comme plus attractives par les futurs salariés (Greening et Turban, 2000). En particulier, Cowe (2000) montre qu'à partir de 2000, les questions relatives à la RSE et au développement durable ont pris une importance grandissante dans le cadre des entretiens d'embauche et font désormais partie des critères clés des candidats à « haut potentiel » pour sélectionner leurs futures entreprises. Cette réalité se retrouve d'ailleurs au niveau de l'ensemble des étapes d'un processus RH, qu'il s'agisse de l'instauration de bonnes pratiques RH (égalité homme/femme, gestion de la diversité, insertion des handicapés, relations sociales équilibrées...) que de la mise en œuvre de programmes de fidélisation et de développement (formation et carrières) pour assurer l'employabilité des collaborateurs.

Néanmoins certains auteurs pointent le fait que la fonction RH n'est pas à la hauteur des enjeux de RSE et qu'au lieu d'en profiter pour se relégitimer vis-à-vis des différents acteurs internes (Direction générale, Direction financière...), elle échoue à s'imposer sur ces questions.

5 La gestion des relations sociales

Les relations sociales sont sans doute la politique RH la plus impactée par les caractéristiques qui se sont construites au cours de l'histoire économique, politique, sociale et culturelle d'un pays.

À ce titre, tout gestionnaire RH international doit avant de définir une politique RH pour un pays, décrypter les spécificités du système de relations sociales du travail. Pour cela, nous recommandons une grille composée de dix critères :

- le degré de diversité syndicale (unité syndicale correspondant à une situation de monopole, oligopole ou pluralisme syndical...) ;
- le degré de représentativité syndicale mesuré par le niveau du taux de syndicalisation (faible à fort). Par exemple, en Europe, on distingue quatre groupes de pays :
- les champions où le taux de syndicalisation est supérieur à 50 % (Suède, Danemark, Finlande, Belgique, Autriche) et où la baisse de la syndicalisation est marginale,
- les poids moyens (25-40 % : Irlande, Pays-Bas, Luxembourg, Portugal, Italie, Grande-Bretagne, Allemagne...),

- les lanternes rouges avec notamment l'Espagne (17 %) et surtout la France (8 %),
- et les pays d'Europe centrale dont le rapport historique particulier avec les syndicats sous la période communiste rend l'analyse du taux de syndicalisation plus complexe (par exemple : passage de 20 à 11 % en Pologne en moins de dix ans, taux de 40 % en Slovénie…) ;
- le type de syndicalisme (syndicat de service ou idéologique, nature du discours…) ;
- la localisation dominante de la négociation (nationale, branche, région, entreprise) ;
- le mode d'intervention privilégié (grève, dialogue social, négociation…) ;
- la nature des relations entre les partenaires sociaux (majoritairement conflictuelle ou coopérative) ;
- le rôle de l'État dans les relations sociales (fort, moyen, faible) ;
- les relations avec les politiques (fort, moyen, faible) ;
- l'attitude de l'opinion publique (indifférente, impliquée, très impliquée) ;
- le cadre juridique des relations professionnelles (par exemple : en Belgique et dans certains pays scandinaves, les salariés sont soumis au système dit « de Gand » qui conditionne le versement des allocations chômage à une adhésion syndicale préalable).

À ce titre, le modèle français des relations sociales est caractérisé par :

- le pluralisme syndical avec une multiplication des organisations et une institutionnalisation du syndicalisme français jusqu'à la nouvelle loi sur la représentativité (2008) ;
- un très faible taux de syndicalisation, environ 8 % (7,5 % des femmes et 9 % des hommes) ;
- une influence marxiste historique (syndicalisme de lutte de classe) avec un climat de guerre idéologique et la faiblesse du syndicalisme réformiste ;
- des négociations majoritairement nationales et au niveau des branches ;
- l'importance des grèves nationales dans les relations sociales ;
- des relations entre partenaires sociaux plutôt conflictuelles ;
- un État fortement investi dans les relations sociales ;
- des relations moyennes avec les acteurs politiques ;

– une opinion publique majoritairement indifférente ;
– un cadre juridique très codifié réglementant les relations sociales (négociation obligation, thèmes de négociation imposés...).

Néanmoins si la dimension nationale est importante, le gestionnaire doit également prendre en compte les spécificités du secteur d'activité et la culture de l'entreprise qui impactent également fortement les relations sociales.

Exemple – L'émergence d'une représentation mondiale du personnel chez Axa

Présent dans 70 pays, Axa a ressenti l'importance de mettre en place un dialogue social mondial. Cela passe pour l'instant par l'intervention lors du comité d'entreprise européen de partenaires sociaux de différents pays (Turquie, Inde, Maroc, Japon, etc.). À l'inverse, cela permet également aux représentants européens du personnel de mieux appréhender la dimension globale d'Axa et l'environnement mondial dans lequel nous opérons.

Source : *Entreprise et Carrières*, n°1153, 16 juillet au 26 août 2013.

L'ESSENTIEL

Le chapitre 2 s'intéresse à la question centrale du management des ressources humaines à l'international.

Il étudie dans un premier temps les rôles et les enjeux de la mobilité internationale, en traitant à la fois de l'évolution des pratiques et la stratégie professionnelle des salariés envoyés à l'international (profils, types de statuts, causes et motivations).

La section 2 précise quant à elle les grandes étapes dans la gestion des expatriés : sélection, préparation (formations, voyages d'initiation), accompagnement (logistique, technique, prévention), rémunérations (salaires, primes, avantages), suivi et gestion des expatriés (logement, éducation des enfants, etc.) et aide et organisation du retour (problèmes rencontrés, outils d'aide).

Le chapitre se termine par une analyse des nouvelles prérogatives de la fonction RH à l'international. Sont notamment abordées la gestion des carrières et des rémunérations (fixe/variable ; individuel/collectif), les systèmes d'information en ressources humaines (analyse par pays), la responsabilité sociale des entreprises (facteurs historiques, politiques et contextuels), ainsi que la gestion des relations sociales (décryptage des spécificités du système français autour de différents critères).

Fiche-outils

En complément du chapitre 2, il est proposé 10 fiches-outils. Toutes les fiches sont issues de documents réels utilisés en entreprise. Elles permettent de rendre compte des démarches et des méthodes à l'œuvre dans les organisations, pour accompagner et gérer la mobilité internationale des salariés.

Fiche-outil 1

Tableau général de gestion des expatriés

Nom prénom salarié	Pays d'affectation	Ville d'affectation	Site d'accueil	Contrat	Date départ	Date retour	Retour	Emploi	Responsable hiérarchique	Directeur	Activité concernée
DUPONT Gilles	ROUMANIE	BRASOV	SITE 1	EXPATRIE	01/02/2013	31/01/2016	OUI/NON	INGENIEUR	GRAND Jean	DUROT Paul	Activité 2

Tableau de suivi des expatriés par pays (du 01/01/13 au 31/12/13)

		janvier	Total	février	Total	…	Total	…	Total	sept	Total	oct	Total	nov	Total	déc	Total
Allemagne	EXPAT																
	DETA																
Angleterre	EXPAT																
	DETA																
Argentine	EXPAT																
	DETA																
Brésil	EXPAT																
	DETA																
Chine	EXPAT																
	DETA																
Corée	EXPAT																
	DETA																
Espagne	EXPAT																
	DETA																
Etats-Unis	EXPAT																
	DETA																
France	EXPAT																
	DETA																
Inde	EXPAT																
	DETA																
Italie	EXPAT																
	DETA																

Japon	EXPAT																
	DETA																
Mexique	EXPAT																
	DETA																
Pologne	EXPAT																
	DETA																
Portugal	EXPAT																
	DETA																
Rép Tchèque	EXPAT																
	DETA																
Roumanie	EXPAT																
	DETA																
Suède	EXPAT																
	DETA																
Tunisie	EXPAT																
	DETA																
TOTAL EXPATRIES																	
TOTAL DETACHEMENT																	

Exemple de fiche de gestion individuelle des salariés

FICHE DE RENSEIGNEMENTS EXPATRIATION NOM PRENOM :

Date naissance :
Lieu naissance :
N° SS :
Nationalité :

Date entrée groupe :
Statut :
HP :
Niv Hay :
Site d'origine :
Resp hiérarchique :
Directeur activité :
Signataire :
Imputation facture :
Salaire début contrat :
Indemnité expatriation % :
Indemnité logement :
Montant logement :
Emploi :
Contrat :
Accord réintégration :
Taux de change :
Date départ :
Date retour : Retour
Site d'accueil :
Ville :
Pays :
Indémnité familiale :
Indemnité installation :
Véhicule de fonction :
Ville retour annuel :

Adresse choisie :
Tel personnel :
Tel professionnel :
Adresse Pays origine :
Complément adresse :
CP:
Ville / Pays :
Email perso :
Email professionnel :
Adresse Etranger :
Complément étranger :
CP Etranger :
Ville Etranger :
Pays Etranger :

Date dernière VM : Lieu VM : Date prochaine VM :

Situation familiale :
Nom du conjoint :
Date naissance conjoint :
Nationalité du coinjoint :
Nombre d'enfant(s) :
Enfants en France :
Enfants en expatriation :

Enfant 1 :		Date naissance :		Fin de droit CAF :	
Enfant 2 :		Date naissance :		Fin de droit CAF :	
Enfant 3 :		Date naissance :		Fin de droit CAF :	
Enfant 4 :		Date naissance :		Fin de droit CAF :	
Enfant 5 :		Date naissance :		Fin de droit CAF :	

Année	Salaire janvier	Montant Aug	% Aug	Bonus	Primes	Salaire courant
2013						
2012						
2011						

1ère expatriation :

Expatriation n°1 : Période n°1 :
Expatriation n°2 : Période n°2 :

Personne à prévenir en cas d'urgence TEL :

Commentaires :

Fiche-outil 4

Tableau de suivi de la population expatriée

Nom prenom	Nationalite	Sexe	Date naissance	Statut	Gestionnaire	Situation de famille pays d'origine		Situation de famille pays d'accueil				Site origine		
						Situation	Nb enfants	Situation	Contrat	Conjoint en expatriation	Nb enfants	Nom	Pays	Ville

Site accueil			Lieu de travail		Contrat	Métier			Mode d'affectation	Type de contrat	Date départ	Date retour
Nom	Pays	Ville	Pays	Ville		Branche	Domaine	Métier				

Modèle de lettre d'attestation de détachement

ATTESTATION DE DETACHEMENT

Je soussigné, ... *(nom et prénom du représentant légal)*, ... *(intitulé de poste)* de la Société ... *(nom de la société)* dont le siège social est sis ... *(adresse de la société)*,

certifie que Monsieur .... *(nom et prénom du salarié)* fait partie du personnel de notre Groupe depuis le .... *(date d'ancienneté)*.

Du .... au ...., il sera affecté en tant que .... *(intitulé de poste)* en contrat de détachement sur notre site de ... *(nom de la société d'accueil)* à .... *(ville)* en .... *(pays)*.

En foi de quoi, je délivre cette attestation pour servir et valoir ce que de droit.

Fait à ... *(lieu)*, le ..... *(date)*

Prénom et NOM du représentant légal
Intitulé de poste

Modèle de contrat d'expatriation

Monsieur/Madame ......

Ref :

....
....

Paris, ...

CONTRAT D'EXPATRIATION

Monsieur,

Suite à nos entretiens, nous vous confirmons les conditions de votre expatriation à compter du ../../.... *(date)* auprès de notre filiale, la société ... à .... *(ville)* ... *(pays)*.

Les dispositions générales de la Convention Collective Nationale du ... *(nom de la convention collective applicable en France)* et celles prévues par le règlement intérieur de l'établissement auquel vous serez attaché(e), ainsi que les dispositions particulières ci-après, seront applicables à votre contrat de travail.

Article 1 – Fonction : .... *(intitulé de poste)*.

Article 2 – Classification : Niveau **...** , Echelon **...**, Coefficient **...**

Article 3 : Ancienneté : Tous les droits liés à l'ancienneté seront décomptés à dater de votre entrée dans le Groupe, soit le ... *(date d'entrée)*.

Article 4 : Lieu d'exercice : Vous exercerez votre mission dans les locaux de ... *(nom de la société d'accueil)* à ... *(ville)* au ... *(pays)* mais pour des raisons de simplifications administratives vous serez attaché à notre Etablissement de ... *(nom de la société d'origine)*.

Article 5 – Durée de l'expatriation : Votre expatriation est prévue, en principe, pour une période d'environ trois ans sauf retour anticipé à la demande de la société. Elle pourra être prolongée par accord réciproque au terme de la durée prévue.

Article 6 – Rémunération : Votre rémunération annuelle brute de référence sera de **... €** (salaire de base France). Elle vous sera versée de la façon suivante :

- part France annuelle (net social et fiscal) : **... €** (en 13 mensualités de ... €) ;
- part locale annuelle nette versée par notre filiale (net social ou net social et fiscal) : **... (Monnaie locale)**

La filiale déterminera le montant brut de votre part locale selon les charges sociales et les impôts qui vous seront retenus à la source.

Le taux de change utilisé pour la durée du contrat est de 1 €uro = ... *(monnaie locale)*.

.../...

☞

Contrat de M.
Page 2

Article 7 – Indemnité d'expatriation : Versement annuel net en France de … € (en 12 mensualités de … €).

Article 8 – Frais bancaires : Pendant son affectation au … (pays), vous bénéficierez mensuellement d'un transfert bancaire sans frais. Les frais de transfert uniquement seront remboursés sur présentation d'une note de frais accompagnée de justificatifs.

Article 9 – Impôts : Pendant toute la durée de votre affectation, vous êtes responsable de la déclaration et du paiement de vos impôts.
Nous assurerons le remboursement de l'impot payé au … *(pays)* sur le revenu lié à la rémunération décrite dans ce contrat. Tout autre revenu ne donnera pas lieu à remboursement.

Article 10 – Véhicule de fonction : Vous bénéficierez d'une voiture de fonction dont notre filiale assurera l'entretien.

Article 11 – Déménagement : Les frais occasionnés par votre déménagement de votre domicile actuel à … *(ville)* en …. *(pays)* ainsi que ceux occasionnés par votre retour en France, en fin de contrat, seront pris en charge par notre société. Vous voudrez bien au préalable présenter deux devis.

Article 12 – Indemnité d'installation : Une indemnité forfaitaire de **… €uros**, destinée à prendre en charge une partie des frais d'aménagement que vous aurez engagés, vous sera versée au moment de votre départ.

Article 13 – Allocations familiales : Nous vous verserons une indemnité forfaitaire dès que vous ne percevrez plus les allocations familiales en France et sur présentation du certificat de cessation de paiement, délivré par votre caisse d'allocations familiales.

Article 14 – Frais de scolarité : Nous prendrons en charge les frais de scolarité de vos enfants sur présentation des justificatifs.
/ou Ils seront pris en charge par notre filiale sur présentation des justificatifs.

Article 15 – Logement : Une indemnité mensuelle vous sera versée par notre filiale. Son montant sera précisé ultérieurement.
/ou La société d'accueil prendra à sa charge votre logement.

Article 16 – Congés : Vous serez maintenu(e) au régime des congés payés institués en faveur des … *(statut du salarié)* de la société d'accueil.

Article 17 – Frais de voyage : Nous prendrons en charge le voyage aller ainsi que le retour en fin d'expatriation. Vous bénéficierez également, d'un voyage aller et retour par an, en France, au moment des congés, en classe économique pour vous, votre conjoint et vos enfants.

Article 18 – Assistance médicale :

- Examen médical : Vous serez soumis également, au même titre que l'ensemble du Personnel de la société, à l'obligation légale de subir un examen médical annuel.

- Rapatriement : Une assurance couvre les frais de rapatriement éventuel.

Article 19 – Sécurité sociale, maladie et accidents du travail : Vous serez affilié(e) au régime volontaire de la Caisse des Français à l'Etranger.

Article 20 – Frais médicaux : Vous serez affilié(e) par notre intermédiaire au régime des salariés expatriés.

…/…

☞

Contrat de M.
Page 3

Article 21 – Pôle emploi - Chômage : Nous maintiendrons votre affiliation au régime général français.

Article 22 – Retraite complémentaire et prévoyance :

- Votre rémunération de référence servira de base de calcul pour vos déclarations retraites et prévoyance.

- Nous demandons votre maintien aux régimes de retraite complémentaire et de prévoyance des … (statut du salarié).

Article 23 – Participation et Intéressement : Vous bénéficierez de :

- La participation perçue par les … (statut du salarié) de la société d'origine. Elle sera calculée sur la base de votre rémunération de référence France,

- L'intéressement perçupar les … (statut du salarié) de la société d'origine.

Article 24 – Clause de confidentialité : Vous serez tenu(e), durant toute l'exécution de votre contrat de travail, à une obligation de discrétion tant à l'égard des tiers que des salariés de l'entreprise sur l'ensemble des renseignements que vous pourrez recueillir à l'occasion de vos fonctions ou du fait de votre présence dans l'entreprise et, d'une façon générale, vous aurez l'obligation de ne communiquer ou de faire profiter aucune entreprise concurrente de renseignements propres à l'activité de la société. Cette obligation de discrétion se prolongera après la rupture de votre contrat de travail.

Article 25 – Sureté : Le salarié déclare avoir pris connaissance des informations et des mesures de sûreté mises en œuvre sur son lieu d'affectation. Il s'engage à s'y conformer rigoureusement, conscient que leur respect est indispensable à la protection des personnes et des biens.

Article 26 – Conditions de retour : Les effets du contrat qui nous lie sont suspendus et reprendront effet à votre retour en France dans l'un des établissements de notre groupe, sauf dénonciation par vous-même ou notre société dans les formes et les conditions prévues par la législation française et l'avenant … de la Convention Collective Nationale du … *(nom de la convention collective applicable en France)*.

Nous vous précisons qu'en cas de retour en France, la période d'emploi dans notre filiale sera comprise dans le calcul de votre ancienneté.

Nous vous prions de nous confirmer votre accord sur les conditions ci-dessus en nous renvoyant le double de la présente lettre revêtu de la mention manuscrite ***"lu et approuvé"*** suivie de la date et de votre signature.

Vous voudrez bien également apposer votre paraphe au bas des deux premières pages.

Veuillez agréer, Monsieur, l'expression de nos sentiments distingués.

Signature de la Direction

Signature du salarié

Modèle de lettre d'attestation de départ d'expatriation

ATTESTATION D'EXPATRIATION

Je soussigné, ... *(nom et prénom du représentant légal)*, ... *(intitulé de poste)* de la Société ... *(nom de la société)* dont le siège social est sis ... *(adresse de la société)*,

certifie que **Monsieur** ..... ***(prénom et NOM)***

sera muté auprès de notre filiale ... *(nom de la société d'accueil)* à ... *(ville)* au ... *(pays)* à partir du .... *(date)* pour une durée approximative de 3 ans.

En foi de quoi, je délivre cette attestation pour servir et valoir ce que de droit.

Fait à ... *(lieu)*, le ... *(date)*

Prénom et NOM du représentant légal
Intitulé de poste

Modèle de lettre de mission

Monsieur /Madame..... *(prénom NOM)*

Ref : *XX*

Paris, le .... *(date)*

LETTRE DE MISSION

Monsieur/Madame,

Suite à nos differents entretiens, nous vous confirmons les conditions de votre mission auprès de notre filiale la société .... *(nom de la société d'accueil)* ***(s'il s'agit d'un déplacement dans l'un des établissements du groupe)*** à .... *(ville)*au ...*(pays)*.

DUREE DE LA MISSION : Votre mission est prévue, du **jour mois année au jour mois année.**

OBJET DE LA MISSION : ... *(décrire en 2 / 3 lignes l'objectif de la mission)*

LOGEMENT : Notre filiale *(nom de la société d'accueil)* prendra en charge vos frais de logement sur présentation des

FRAIS DE VOYAGE : Les frais engagés seront pris en charge par notre société *(société d'origine)* sur présentation des justificatifs.

ASSISTANCE MEDICALE : Une assurance couvre les frais de rapatriement éventuel.

Nous vous prions de nous confirmer votre accord sur les conditions ci-dessus en nous renvoyant le double de la présente lettre revêtu de la mention manuscrite *"lu et approuvé"* suivie de la date et de votre signature.

Veuillez agréer, Monsieur/Madame, l'expression de nos sentiments distingués.

Nom du Responsable
Intitulé de poste

Signature du salarié

Modèle de répartition salariale

REPARTITION DE SALAIRE				
Prénom / NOM Situation familiale Pays d'affectation				
Date de réévaluation		janv.-11	janv.-12	janv.-13
Salaire annuel brut (SAB)	=	A		
Charges sociales françaises (année N)	-	B		
Impôt sur revenus (année N-1)	-	C		
Salaire net social et fiscal	=	d = (A - B - C)		
Budget biens et services (2013)		F		
Indice coût de vie	x	G		
Taux de change	x	H		
Salaire annuel net payé par la société locale	=	e= (F x G x H)		
Salaire annuel net payé par la société d'origine	=	d - e		
Indemnité d'expatriation annuelle nette payée par la société d'origine (x %) du SAB	=	A x (x % A)		
Bonus brut année N-1	=	I		
Charges	-	J		
Impôts	-	K		
Bonus net	=	I - (J + K)		
Autres indemnités payées pendant le contrat :				
Indemnité de logement mensuelle	=			
Indemnité de scolarité par enfant par mois	=			
Frais bancaires (1 fois par mois)	=			
Allocations familiales 2013 / mois pour x enfants	=			
Remboursement des impôts salaires dans le pays d'accueil	=			
Frais de voyage 1 A/R par an - en France	=			
Visites médicales 1 / an	=			
Déménagement début et fin de contrat	=			
Cours de langue salarié + épouse	=			
Indemnité d'installation (payé la 1ère année)	=			

Nécessite un *gross up* de la société locale pour effectuer le paiement du salaire net

Modèle du calcul du *gross up* (comparaison franco-allemande)

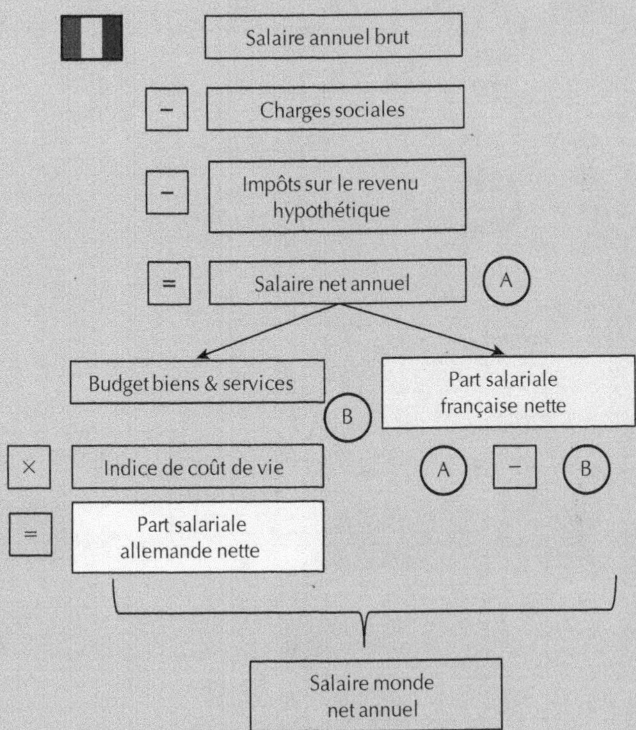

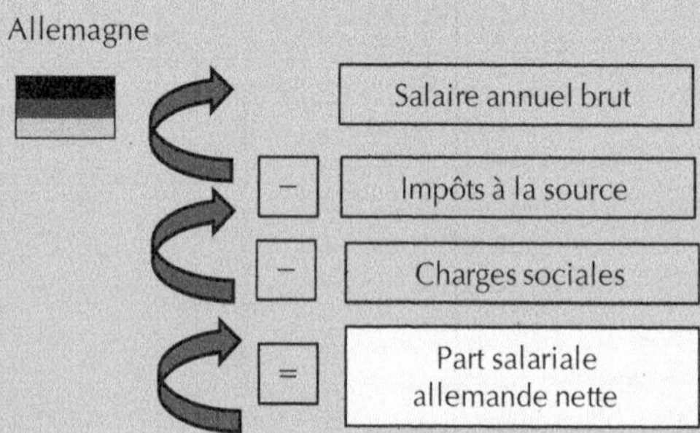
Allemagne
Salaire annuel brut
–
Impôts à la source
–
Charges sociales
=
Part salariale allemande nette

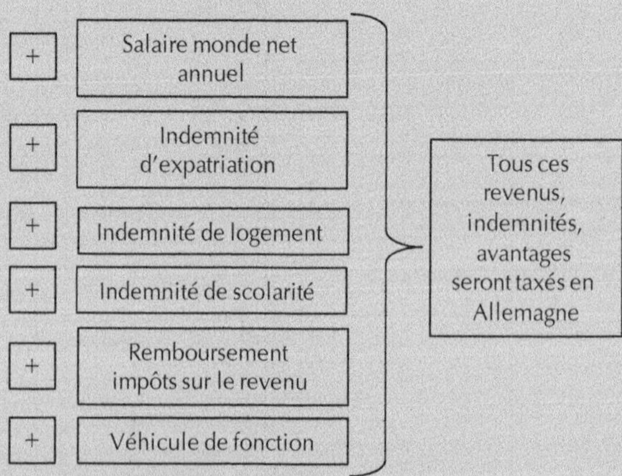
+
Salaire monde net annuel
+
Indemnité d'expatriation
+
Indemnité de logement
+
Indemnité de scolarité
+
Remboursement impôts sur le revenu
+
Véhicule de fonction
Tous ces revenus, indemnités, avantages seront taxés en Allemagne

Chapitre 3

Analyse comparative des pratiques RH selon les pays

SOMMAIRE

Cette dernière partie de l'ouvrage s'intéresse à la façon dont la Gestion des ressources humaines s'exerce selon les pays (I). Il en résulte des interrogations sur l'incidence de la multiculturalité sur les équipes RH en termes de rôles et de missions nouvelles (II).

Section 1 LA DIVERSITÉ DES PRATIQUES RH : L'IMPORTANCE DE L'INTERCULTUREL[1]

Dans cette section, nous nous intéressons aux spécificités des pratiques RH selon les pays où elles sont exercées.

1 L'influence des cultures nationales

L'analyse des différences et similarités entre les cultures nationales a donné lieu à de nombreuses recherches. Kluckhohn et Strodtbeck (1961) constatent que les problématiques nationales pouvaient être reliées à six questions fondamentales :

- caractéristiques et qualités individuelles : « Qui sommes-nous ? » ;
- degré d'autonomie *versus* degré de dépendance : « Comment sommes-nous reliés ou rattachés au monde ? » ;
- rôle du statut social, statut acquis *versus* statut attribué : « Comment pensons-nous et analysons-nous notre situation personnelle et professionnelle ? » ;
- relation à autrui : « Comment interagissons-nous avec les autres ? » ;
- perception par rapport au passé, au présent et au futur : « Quel est notre rapport au temps ? » ;
- Distance hiérarchique, proximité… : « Quel est notre rapport à l'espace ? ».

1. Les problématiques de culture nationale et multiculturelles sont traitées de manière approfondie dans l'ouvrage *Management interculturel*, Olivier Meier, Dunod, 2010, qui complète cette section par une analyse centrée autour des thèmes suivants : les concepts et fondamentaux de la culture d'entreprise et du management interculturel, la gestion des conflits culturels, la négociation et la communication en situation interculturelle et le management de la diversité dans les entreprises internationales.

Comme le montrent Brewster, Sparrow et Vernon (2007), ces dimensions sont parmi les plus utilisées par les courants de recherche pour caractériser les spécificités culturelles d'un pays (*cf.* figure 3.1).

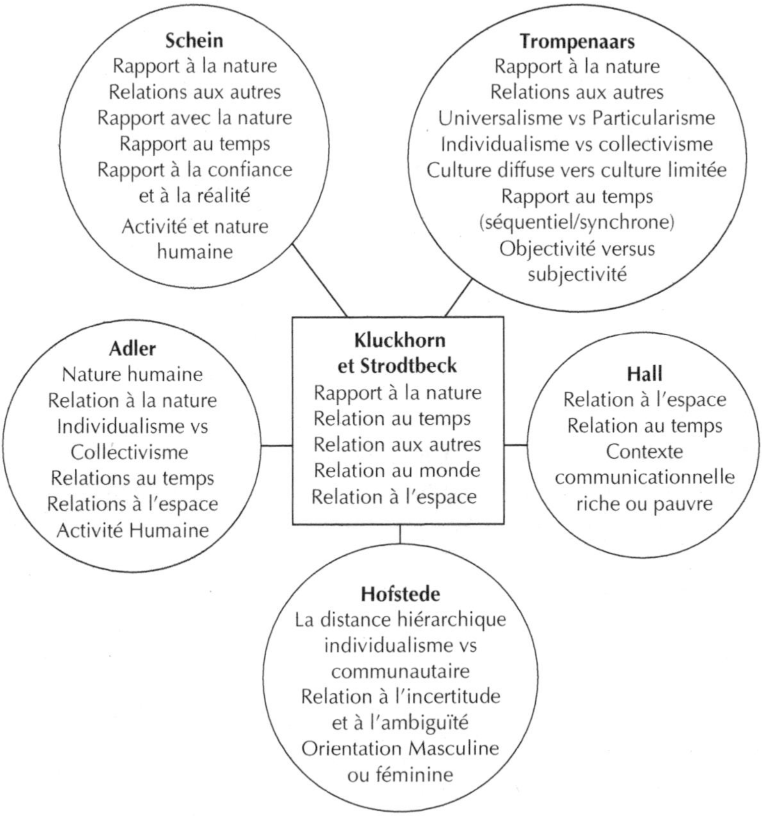

D'après Brewster, Sparrow et Vernon, 2007.

Figure 3.1 – Convergence des modèles d'analyse culturelle

À titre d'illustration, il est proposé de montrer, à partir des travaux de Schwarz (1994), la façon dont certains de ces critères permettent de classer les différents pays en fonction de leurs caractéristiques. Schwarz (1994) a positionné quelques pays (France, Allemagne, USA, Chine, Pays-Bas, Japon et Espagne) sur des critères tels que : le conservatisme (valorisation du statu quo), la distance hiérarchique, l'autonomie intellectuelle et affective, le collectivisme (*cf.* tableau 3.1).

Tableau 3.1 – Analyse comparative nationale sur des critères culturels

Pays	Conser-vatisme	Distance hiérar-chique	Autonomie intellec-tuelle	Autonomie affective	Individua-lisme
France	3,35	2,16	5,15	4,41	5,45
USA	3,90	2,39	4,20	3,65	5,29
Chine	3,97	3,70	4,27	3,32	4,49
Japon	3,87	2,86	4,68	3,54	4,79
Allemagne	3,42	2,27	4,75	4,03	5,37
Espagne	3,42	2,03	4,90	3,97	5,55
Pays-Bas	3,68	2,26	4,44	3,51	5,45

D'après Schwartz 1994.

Ces classements permettent d'identifier des points de convergence et de divergence entre les cultures et d'identifier d'éventuels chocs culturels possibles. Ils aboutissent aussi à regrouper les pays aux caractéristiques culturelles voisines. Par exemple, Ronen et Shenkar (1985) distinguent neuf groupes nationaux auxquels il est possible d'après nous d'ajouter un dernier groupe (les pays d'ex-Europe de l'est) :

- pays « anglo-saxons » : États-Unis, Australie, Canada, Irlande, Nouvelle-Zélande, Afrique du Sud, Royaume-Uni ;
- pays « arabes » : Arabie Saoudite, Koweït, Émirats Arabes Unis, Oman, Barein… ;
- pays du « sud-est asiatique » : Chine, Hong Kong, Indonésie, Philippines, Malaisie, Singapour, Vietnam du sud, Taiwan, Thaïlande ;
- pays « germaniques » : Allemagne, Autriche et Suisse ;
- pays « d'Amérique latine » : Argentine, Chili, Colombie, Mexique, Pérou, Vénézuéla ;
- pays « d'Europe latine » : France, Belgique, Italie, Portugal et Espagne ;
- pays « d'Asie- Mineure » : Iran, Grèce, Turquie ;
- pays « Scandinaves » : Danemark, Suède, Finlande, Norvège ;
- pays « indépendants » : Brésil, Inde, Israël, Japon, Corée du Sud ;
- pays « d'Europe de l'Est » : Russie, Bulgarie, Hongrie, Ukraine, Pologne.

EXEMPLE – Illustration d'un défi interculturel : le cas de l'Asie

> Alors que l'Asie est aujourd'hui la destination d'expatriation principale des salariés, tant du point de vue des perspectives financières qu'en termes d'expériences de vie, l'installation dans cette région n'est pas sans difficultés. « Le nombre d'expatriés qui pensent fortement être bien intégrés dans leur communauté locale est bien plus bas dans les pays d'Asie comme la Malaisie (25 %), Singapour (19 %), la Thaïlande (14 %), ou Hong Kong (11 %) que dans la plupart des pays anglophones comme le Canada (44 %), l'Australie (43 %) ou le Royaume-Uni (41 %) ».
>
> Source : Étude HSBC portant sur 5 339 expatriés dans près de 100 pays, AEF 9 10 2012.

Bien que ces blocs culturels connaissent des différences significatives en leur sein, certains travaux (Gesteland, 1999 ; Scherer, 1997) ont montré que les pays de ces différents blocs avaient beaucoup plus de similarités que de différences dans leurs profils culturels.

Les points abordés dans ce chapitre illustrent l'importance du concept de culture dans la conduite des pratiques de GIRH. En particulier, Briscoe et Schuler (2004) identifient 26 paramètres managériaux impactés par les valeurs culturelles parmi lesquelles on distingue notamment : (1) les méthodes de planning et les outils utilisés, (2) le degré de bureaucratie et de structuration des organisations ; (3) les types de performances et les méthodes de contrôle ; (4) le degré de spécialisation et de centralisation ; (4) le type de communication ; (5) le style de management (participatif *versus* autoritaire), (6) les critères de sélection et de promotion ; (7a) la nature des programmes de formation ; (7b) les techniques de motivation des équipes ; (8) la nature des programmes de compensations et benefits (retraite, santé…) ; (9) la difficulté à obtenir des salariés qualifiés ; (10) la difficulté à obtenir des salariés motivés ; (11) le degré d'identification des individus à leur service et à l'entreprise ; (12) le degré de frustration, de moralité, d'absentéisme et de turnover des salariés ; (13) le degré de coopération et de conflit ; (14) le degré d'asymétrie de l'information et d'inefficacité de la communication ; (15) le degré de productivité, (16) la difficulté à introduire des changements et l'attitude envers l'innovation ; (17) l'attitude envers le service client ; (18) le degré de mobilisation des méthodes scientifiques pour résoudre les problèmes ; (19) le degré de flexibilité de l'organisation pour s'adapter aux changements.

Il ne demeure pas moins que l'analyse interculturelle doit être menée avec précaution. Il ne s'agit pas non plus d'exagérer les différences culturelles entre les pays. Brannen (1999) met notamment en avant deux limites :

- les cultures nationales sont souvent présentées comme des blocs monolithiques qui supposent une homogénéité de comportement de tous ses membres sans prendre en compte les différences individuelles ;
- les cultures sont présentées comme statiques et imperméables au changement (caractéristiques culturelles stables).

Or l'auteur constate qu'au contraire une culture est évolutive et plus ou moins homogène. Gelfand, Nishii et Raver (2007) par exemple développent le concept de culture ouverte ou fermée. Le concept de fermeture renvoie à la force de la norme sociale (degré de clarté, de généralisation des normes à l'intérieur du pays, degré de tolérance aux comportements déviants, degré de liberté des individus). De même, Brewster *et al.* (2007) insistent sur le fait qu'un individu va en fonction des circonstances et des situations manifester ses traits culturels de manière différente.

Ainsi, il faut se garder de toute généralisation abusive.

Encadré 3.1 – Analyse comparative des pratiques RH

Dans l'une des études les plus récentes et complètes sur le sujet (analyse comparative des pratiques en matière de GRH des entreprises allemandes, américaines et japonaises ; analyse de la littérature portant sur 98 articles américains, 83 articles japonais et 73 articles allemands ; étude quantitative auprès de 232 responsables RH dont 107 allemands, 68 japonais et 57 américains), Pudelko (2004) identifie douze catégories de facteurs socio-économiques (regroupés en quatre catégories) pouvant influencer une politique de GRH :

- Les facteurs culturels : caractéristiques générales du pays, dimensions d'Hofstede, dimension de Trompenaars.
- Les facteurs socio-politiques : système économique global, acteurs sociaux-démographiques, système éducatif.
- Les facteurs économiques : facteurs macro-économiques, caractéristiques du marché, relations industrielles.

☞

> - Les facteurs managériaux : principes de management, structure organisationnelle, rôles et signification des ressources humaines pour les managers.
>
> Son étude empirique sur 232 DRH montre que les pratiques des entreprises sont encastrées dans des contextes sociaux-économiques particuliers et notamment que les politiques RH des entreprises américaines et japonaises s'opposent sur de nombreuses dimensions (recrutement et licenciement des collaborateurs, formation, évaluation, critères de promotion, rémunérations, communication à l'intérieur de l'entreprise, prise de décision, relation entre les managers et leurs équipes), les pratiques allemandes se situant bien souvent entre ces deux pays.
>
> D'après Pudelko, 2004.

2 Les facteurs de différenciation

Les critères de comparaison sont multiples. Nous allons en présenter quelques-uns pour dresser un tableau comparatif.

2.1 Le système éducatif

Dans leurs recherches, Evans, Pucik et Barsoux (2002) ont montré que le système éducatif discriminait par les processus d'identification et de développement des potentiels. Ils distinguent notamment :

- Le *modèle japonais* caractérisé par une identification des potentiels lors du recrutement, ces derniers étant ensuite mis en concurrence durant une période assez longue de 7 à 10 ans, à l'issue de laquelle les plus performants se voient proposer des trajectoires de carrière rapide en vue de devenir les futurs dirigeants de l'entreprise.
- Le *modèle français* ou latin qui recrute ses futurs leaders en fonction de la notoriété de leurs études (meilleures grandes écoles) et ceux-ci se voient ensuite proposer des emplois successifs (nouveaux enjeux à chaque prise de fonction) en vue de confirmer ou d'infirmer les qualités supposées. Dans ce système, le réseau relationnel joue un rôle (passer des alliances avec certains dirigeants…).

- Le *modèle germanique* privilégie l'expérience professionnelle et l'expertise fonctionnelle. Ce sont les succès dans l'exercice de leur travail qui permettent aux salariés, quelles que soient leurs études, d'être identifiés. Les carrières sont ensuite souvent associées à un métier (logique d'expertise).
- Le *modèle de l'entreprise multinationale* s'appuie sur un recrutement décentralisé au niveau local dans les filiales qui ont pour charge d'identifier des potentiels qui seront ensuite suivis par le service RH *corporate*.

Comme évoqué précédemment, le débat convergence/différenciation national anime ce champ de recherche. Par exemple, est-ce que les multinationales agissent à titre de véhicule pour transmettre les pratiques de gestion des ressources humaines de la maison mère au pays hôte ou cherchent-elles à éviter les contraintes du système dans leur pays d'origine ?

2.2 L'histoire du pays

D'Iribarne (1989), en s'appuyant sur des travaux historiques, cherche à mettre en lumière les logiques nationales qui structurent les pratiques des différents pays. En particulier, il identifie trois modèles de société (*cf.* tableau 3.2).

Tableau 3.2 – Histoire du pays et traits culturels

	France	États-Unis	Pays-Bas
Image du fondateur	Chevalier médiéval	Pèlerin de la Nouvelle Angleterre	Bourgeoisie entrepreneuriale et multiculturelle du XIXe siècle
Conception des individus	Définis par leur état	Libres et égaux	Interdépendants
Bases de l'échange	Respect d e l'honneur	Respect de l'équité	Respect des accords
Nature des règles	Formelles/ Informelles	Contrat précis	Non contraignantes
Référence morale	Rang et statut social	Transparence dans l'échange	Conciliation opposée à la coercition
Logique dominante	Logique de l'honneur	Logique du contrat	Logique du consensus

D'après d'Iribarne, 1989.

Dans un ouvrage plus récent (D'Iribarne, 2006) revient sur ce qu'il appelle « l'étrangeté française » : « Que l'on considère les problèmes d'emploi, la crise de l'école ou les difficultés d'intégration des immigrés, on retrouve sous la forme spécifique qu'ils revêtent en France, les effets d'un regard social épris de grandeur, de noblesse, de souci du rang. Ce regard nourrit la conception française de l'idéal républicain, la défense des statuts, l'enseignement élitiste... » Ainsi, selon l'auteur, chaque pays, en fonction de son histoire économique, culturelle et sociale, dispose des « mythes » fondateurs, très profondément enracinés, qui pèsent sur les pratiques et les comportements des différents acteurs et qui doivent être étudiés pour comprendre les spécificités locales.

2.3 La nature des relations sociales

Le système de relations sociales d'un pays est l'un des critères de comparaison les plus utilisés dans le champ de la GRH pour expliquer les différences de pratiques. Ainsi Clegg (1976) considère que les caractéristiques majeures de l'organisation et de l'action syndicales, à savoir le taux d'adhésion, la configuration structurelle, la distribution interne du pouvoir et le comportement en cas de grève, découlent des systèmes de négociation collective propres à chaque pays.

Au niveau européen, Millot et Roulleau (2005) distinguent trois grandes « familles » syndicales (*cf.* tableau 3.3) :

- le modèle rhénan (Allemagne, Autriche, Pays-Bas, Belgique, Suède, Finlande, Luxembourg...) caractérisé notamment par une attitude coopérative et partenariale des relations sociales (acceptation de l'économie de marché), un fort taux de syndicalisation et un syndicalisme généralement unitaire ;
- le modèle britannique (Angleterre, Irlande, Chypre, Malte, Danemark) caractérisé notamment par un faible rôle de l'État, une négociation au niveau de l'entreprise avec une relation entre syndicats et partis politiques ;
- le modèle latin (Grèce, Espagne, France, Portugal) dont fait partie la France.

Le tableau 3.3 permet de comparer les trois modèles européens de relations sociales.

Tableau 3.3 – Les trois modèles européens de relations sociales

Caractéristiques	Modèle Latin	Modèle Rhénan	Modèle Britannique
Diversité syndicale	Pluralité/Diversité.	Unitaire (syndicats majoritaires).	Unitaire.
Représentativité syndicale	Faible taux de syndicalisation.	Fort taux de syndicalisation.	Taux moyen de syndicalisation.
Type de syndicalisme	Militants/Lutte idéologique.	Clients/service.	Clients.
Localisation de la négociation	Interprofessionnel.	Branche/Région.	Entreprise.
Orientation branche	Contractuelle.	Contractuelle.	Contractuelle.
Mode d'intervention	La grève préalable à la négociation.	La négociation.	La négociation.
Nature des relations	Conflictuelle.	Consensus/ Cogestion.	Compromis.
Rôle de l'état	Fort.	Faible.	Très faible.
Relations avec Les politiques	Faible indépendance. Liens occultes supposés.	Faible.	Moyenne-Forte.
Opinion publique	Indifférente.	Très impliquée.	Impliquée.

D'après Millot et Roulleau, 2005.

Au-delà de ces trois modèles, on observe néanmoins, selon les thèmes des configurations différentes :

- sur certains sujets, les pays adoptent des pratiques très disparates (pluralité d'attitudes) ;
- pour d'autres thèmes, on peut distinguer deux modèles alternatifs[1] qui s'opposent ;
- enfin, certaines pratiques semblent s'homogénéiser dans les différents pays (phénomène de convergence). En particulier :

1. Par exemple, en ce qui concerne la représentativité syndicale (Millot et Roulleau, 2005). On distingue deux situations en Europe :
- le « canal unique » où le syndicat est le seul habilité à représenter les salariés (Royaume Uni, Suède, Irlande, Pologne…) ;
- le « double canal » qui voit coexister au sein de l'entreprise une représentation syndicale et une instance représentative élues par les salariés (France, Allemagne, Belgique, Espagne, Italie, Pays-Bas, etc.).

– le poids de l'État se réduit dans tous les pays,
– le modèle partenarial s'impose progressivement,
– la négociation se déplace de l'État vers les entreprises,
– les syndicats amorcent une réflexion au niveau européen (Comité d'entreprise européen par exemple).

Au-delà des comparaisons européennes, les modèles de relations sociales du travail sont aussi très différents lorsque l'on analyse les pays des autres continents.

3 Analyse comparative des pratiques en matière de GRH

Dans cette section, nous analysons les différences observées selon les pays. Pour cela, nous prenons comme exemple deux politiques de GRH (le recrutement et la rémunération). En particulier, nous allons étudier, en nous référant notamment à l'ouvrage de Zanko & Ngui (2003) à la façon dont la Russie, le Japon, l'Australie, la Chine et les États-Unis pratiquent la GRH.

3.1 Analyse comparative en matière de recrutement

Le recrutement est l'une des politiques RH les plus soumises aux facteurs environnementaux (Ryan *et al.*, 1999) et notamment :

– les caractéristiques du système éducatif (niveau d'adéquation entre l'offre et la demande, structures des offres de formation initiale, niveau de qualifications dans le pays…) ;
– la situation économique (situation de pénurie de main-d'œuvre associée à une forte croissance économique, chômage de masse, marché équilibré…) ;
– la législation sociale du pays (loi sur la non-discrimination en France par exemple, degré de protection, degré de réglementation…).

Ces spécificités vont avoir un impact à la fois sur les sources du recrutement et sur les méthodes de sélection selon le pays étudié.

Les sources de recrutement

Une étude menée dans une vingtaine de pays (Cranet, 2006) permet de comparer les sources utilisées pour les employés. Il en ressort (cf. tableau 3.4) que chaque pays présente des profils différents (72 %

de recrutement par annonce pour la Suède contre 25 % pour la France ; 42 % de recrutement en interne pour l'Italie contre 25 % en France...).

Tableau 3.4 – Comparaison des sources de recrutement par pays

	Recrutement interne	Cabinet de recrutement	Publicité	Relations	Site web entreprise	Internet	Jeunes diplômés	Autres
France	25,4 %	10,3 %	25,4 %	10,3 %	6,3 %	0,8 %	2,4 %	19 %
Angleterre	21,2 %	23,4 %	49,3 %	2,1 %	2,6 %	0,4 %	0,4 %	0,7 %
Allemagne	37,4 %	1,4 %	37,4 %	3,2 %	8,6 %	6,1 %	5,8 %	0
Espagne	38,4 %	12,6 %	13,2 %	6 %	6 %	11,3 %	8,6 %	4 %
Italie	42,2 %	11,9 %	13,8 %	4,6 %	2,8 %	2,8 %	10,1 %	11,9 %
Danemark	16,4 %	7,9 %	44,7 %	4,7 %	11,5 %	14 %	0,4 %	0,4 %
Norvège	4,5 %	0	72,3 %	0,8 %	11,7 %	0,8 %	0	0
Australie	21,1 %	17,8 %	38,4 %	4,1 %	4,1 %	13,6 %	0,8 %	0
USA	16,7 %	10,4 %	34,3 %	10 %	14,3 %	9,2 %	1,6 %	3,6 %

Source : Cranet, 2006.

Russie

D'après une étude (RF Goskomstat, 2001), les principales sources de recrutement en Russie sont la cooptation personnelle (famille ou amis) ou professionnelle (56 % des recrutements), les candidatures spontanées (30 %), la réponse à une annonce parue dans la presse (19,2 %) et le recours à des cabinets de recrutement (3 %).

États-Unis

Les entreprises américaines ont recours à de nombreuses sources de recrutement. Rothwell (2003) met en avant deux sources internes (les bourses à l'emploi sur l'intranet et les plans de succession) et onze sources externes (Internet, la cooptation, les annonces presses, le recours aux agences nationales ou locales publiques, les cabinets de recrutement, les relations écoles, l'affichage sur le lieu de travail, les partenariats avec les associations professionnelles, les partenariats avec les syndicats et les agences d'intérim). L'accès à l'emploi est donc relativement diversifié. En particulier, l'utilisation d'Internet est très courante. Les entreprises sont abonnées à des banques de données de CV et de candidats tels que le site Monster. Le marché du travail est caractérisé par une forte mobilité des acteurs et de faible barrière à la sortie (législation peu protectrice en cas de licenciement) et à l'entrée (facilité relative pour retrouver du travail). De plus, la législation sur les discriminations pousse les employeurs à mettre en place des bases de données sur l'origine de leurs candidats (sexe, origine...) et de pratiquer la discrimination positive (mise en place de quota par type de candidats).

Chine

Jusqu'à très récemment, le recrutement était décidé par l'administration locale du travail. Chaque changement d'entreprise devait faire l'objet d'une demande d'autorisation écrite. De même, les promotions internes dans les entreprises étaient soumises à autorisation. Depuis les années 1990, les pratiques ont évolué. Les entreprises peuvent maintenant passer des annonces dans la presse spécialisée (Beijing labour market newspaper ou Recruitment New par exemple), à la radio, à la télévision ou sur Internet.

Australie

Les deux sources de recrutement les plus utilisées sont l'annonce presse et Internet (environ 50 % des recrutements), suivi du recrutement en interne (30 %) alors que la cooptation (10 %) et les cabinets de recrutement (10 %) sont plus rares.

Japon

La mobilité interne est privilégiée, le recrutement externe concernant essentiellement des jeunes diplômés. Le processus de recrutement est lié aux prévisions de départ à la retraite. Pour les recrutements externes, la source de recrutement la plus fréquente est de recruter des jeunes diplômés en début d'année fiscale (avril) en se servant du service de placement des étudiants des Écoles et des Universités. Pour les salariés plus expérimentés, les entreprises ont recours aux cabinets de recrutement et aux annonces presses.

Les méthodes de sélection

Les méthodes de sélection sont l'un des domaines RH où les différences nationales sont les plus importantes.

France

Elle s'est longtemps illustrée par l'utilisation de la graphologie (analyse de l'écriture) alors que la plupart des autres pays n'y ont jamais eu recours. En revanche, le recours aux tests psychométriques (11,4 % des recrutements contre 43,7 % en Espagne, 29,9 % en Italie) et aux mises en situation (Assessment Center : 2,1 % contre 6 % en Angleterre et 9,2 % aux USA) y est moins fréquent que dans d'autres pays. La France accorde une place déterminante au diplôme (niveau de diplôme du candidat, hiérarchie entre les écoles qui délivrent les mêmes diplômes) alors que la plupart des autres pays privilégient l'expérience ou le portefeuille de compétences.

Russie

D'après l'étude menée par RF Goskomstat (2001), les entreprises russes privilégient l'entretien face à face (75 %) comme méthode de sélection ainsi que l'étude du dossier du candidat (CV, niveau d'études, expérience professionnelle). Elles ont peu recours aux tests et mises en situation. Le code du travail russe, comparé aux codes du travail français, est très favorable aux salariés. En particulier, il est quasiment impossible de licencier un salarié alors que ce dernier, quelles que soient son ancienneté et sa nationalité, peut quitter son entreprise avec un préavis de seulement deux mois. Les entreprises russes sont donc particulièrement vigilantes sur le profil du candidat.

États-Unis

L'étude menée par Aon Consulting (1997) identifie huit techniques de sélection : l'analyse des références professionnelles (présente dans 95 % des recrutements), les entretiens structurés (même guide d'entretien lié au poste à pourvoir administré à tous les candidats dans le même contexte), les tests de consommation de drogue (obligation réglementaire), les tests de compétences techniques, les mises en situation, les tests de personnalité, les tests d'habilité professionnelle et les entretiens (présents dans 70 % des recrutements). Les entretiens sont généralement peu nombreux mais peuvent durer plusieurs heures si l'entreprise est intéressée par le profil du candidat. L'un des traits culturels des employeurs américains est le recours quasi-systématique à l'analyse des références (contacts avec l'ancien employeur…). Aux États-Unis, les compétences et l'expérience professionnelles priment sur les diplômes. Le CV du collaborateur doit faire apparaître ses points forts et sa combativité. Les recruteurs attachent de l'importance au dynamisme du candidat et à sa volonté de se surpasser pour l'entreprise. Les recruteurs américains font également très attention à la présentation des postulants (gage de motivation et de respect des règles).

Chine

Les candidats après avoir été présélectionnés sur dossier sont évalués dans le cadre d'une commission comprenant des représentants des salariés et des dirigeants de l'entreprise ainsi que des responsables administratifs officiels auxquels l'entreprise est assujettie. Le processus de recrutement reste sous la responsabilité du département administratif local du travail. Comme aux USA, en Chine la priorité est donnée à l'expérience, la connaissance du pays et à la maîtrise des langues (notamment l'anglais). De même, les Chinois valorisent l'exploitation d'un réseau professionnel (*guanxi*) pour trouver du travail. Il témoigne de la capacité du candidat à nouer des relations personnelles et d'affaires avec autrui.

Australie

Les critères de recrutement sont en premier lieu liés à la personnalité du candidat (fort degré de motivation, capacité à contribuer positivement à l'équipe). Les recruteurs sont peu sensibles au diplôme et privilégient l'expérience professionnelle antérieure. Les recruteurs combinent différents outils de sélection tels que l'entretien, l'analyse des références et les tests de compétences et de personnalité. 64 % des entreprises australiennes ont recours à un processus de recrutement formalisé (procédures écrites). Pour le recrutement des managers, les entreprises utilisent aussi les mises en situation (Assessment Center).

Japon

L'analyse du dossier du candidat (CV, dossiers scolaires, lettres de recommandation, certificats scolaires, dossier médical) ainsi que l'entretien individuel sont les méthodes les plus utilisées. La présentation du CV est normalisée. Il se présente sous la forme d'un formulaire de quatre pages standard, que l'on achète dans les papeteries ou que l'on télécharge sur Internet. Le candidat y fait figurer sa photo. Le diplôme et le lieu d'obtention sont des critères importants sur lesquels s'appuient les entreprises pour déterminer le potentiel de chaque candidat. Cependant, les compétences et l'expérience sont les critères desélection les plus importants. Les entretiens sont multiples et sont organisés de la manière suivante : la première série d'entretiens est réalisée par des salariés à faible niveau hiérarchique qui effectuent le premier tri. À chaque étape réussie, les salariés rencontrent un interviewer plus expérimenté et d'un niveau hiérarchique supérieur. Lors de la dernière étape, les candidats rencontrent un membre de l'équipe de direction qui prend la décision finale. En tout, le processus de recrutement dure en moyenne trois mois. Pour les jeunes diplômés, les entreprises testent aussi les compétences (mathématiques, logique, maîtrise des langues étrangères) le potentiel et la personnalité du candidat. Dans certains cas, les candidats doivent écrire un rapport afin d'analyser leur habilité à analyser et à argumenter autour d'une situation.

Focus

Divergence ou convergence des pratiques de sélection des collaborateurs

Huo *et al.* (2002) se sont intéressé aux pratiques de recrutement dans un contexte international. En particulier, les auteurs cherchent à savoir s'il existe des différences significatives selon les pays en termes de critères de sélection. Pour cela, Huo *et al.* (2002) étudient les questions de recrutement dans dix pays d'Asie et d'Amérique en mobilisant une vingtaine de chercheurs pour le recueil des données. Les auteurs étudient la façon dont dix critères classiques de recrutement sont utilisés selon les pays à partir d'un échantillon conséquent (de 124 à 521 recruteurs par pays) : compétences techniques de l'individu (C1), qualité de l'entretien face à face (C2), capacité à s'intégrer positivement dans l'équipe en place (C3), qualité du réseau professionnel (écoles, famille, amis, relations politiques...) (C4), croyance de l'entreprise que l'individu restera dans l'entreprise une certaine durée (par exemple : 5 ans) (C5), score obtenu lors des tests professionnels et de compétences (C6), expérience antérieure dans un emploi similaire (C7), potentiel de l'individu (C8), adéquation du système de valeurs et des comportements du candidat à la culture de l'entreprise (C9) et avis de futurs collaborateurs sur le candidat (C10). Les critères sont positionnés sur une échelle de 1 (critère pas du tout utilisé) à 5 (critère utilisé très fréquemment).

☞

Il ressort des résultats que les deux premiers critères de recrutement (compétences techniques, succès à l'entretien oral) sont les mêmes dans tous les pays de l'échantillon, à l'exception du Japon et Taïwan où la compétence technique n'est pas classée parmi les trois premiers critères de sélection. Sur les autres critères, on constate des différences significatives selon les pays (importance du réseau relationnel et du potentiel au Japon et en Taïwan ; rôle des tests en Chine, Indonésie et Corée). En particulier, les auteurs émettent l'hypothèse que certains pays adoptent des pratiques voisines du fait de leurs similarités culturelles et des interactions et liens économiques et historiques qui les unissent (*cf.* tableau 3.5).

D'après Huo, Huang et Napier, 2002.

Tableau 3.5 – Pratiques de sélection des collaborateurs selon les pays

	AUS	Canada	Chine	IND	Japon	Corée	MEX	Taïwan	USA	LAT
C1	4.10* (.73)	4.08 (.68)	3.76 (.82)	3.58 (.90)	3.01 (.97)	3.22 (.94)	3.39 (1.02)	3.53 (.86)	3.98 (.83)	3.93 (.90)
C2	4.22 (.76)	4.18 (.72)	3.27 (.83)	3.55 (.89)	3.62 (.91)	3.31 (.89)	3.77 (1.06)	3.55 (.78)	4.17 (.85)	4.31 (.99)
C3	3.47 (.97)	3.44 (.90)	3.34 (.78)	3.13 (.87)	3.13 (.88)	3.18 (.95)	3.03 (1.07)	3.50 (.84)	3.45 (1.09)	3.15 (1.28)
C4	1.74 (1.01)	2.06 (.96)	3.16 (1.00)	2.69 (1.22)	2.57 (1.09)	2.50 (1.03)	3.26 (1.21)	3.19 (.98)	2.66 (1.29)	2.63 (1.24)
C5	2.73 (1.07)	3.06 (1.06)	3.25 (.91)	2.95 (1.04)	2.87 (1.05)	2.98 (1.02)	2.79 (1.24)	3.48 (.89)	2.76 (1.05)	3.47 (1.25)
C6	2.31 (1.16)	2.34 (1.24)	3.54 (.81)	3.27 (1.09)	2.91 (1.05)	3.34 (.93)	3.02 (1.24)	3.49 (.80)	1.91 (1.01)	2.98 (.144)
C7	3.80 (.87)	3.82 (.83)	3.56 (.79)	3.05 (.98)	2.59 (1.10)	2.75 (1.01)	3.11 (1.17)	3.47 (.82)	3.68 (.93)	3.75 (1.11)
C8	3.09 (.98)	3.10 (1.01)	3.35 (.87)	3.08 (.73)	3.14 (.94)	2.94 (.99)	3.15 (1.04)	3.71 (.81)	2.97 (.93)	3.51 (1.10)
C9	3.61 (.96)	3.58 (.94)	3.31 (.85)	3.14 (.86)	2.94 (.89)	3.11 (.97)	3.23 (1.07)	3.39 (.80)	3.44 (1.11)	3.38 (1.27)
C10	1.87 (.99)	1.94 (.98)	2.82 (.93)	2.46 (1.09)	2.12 (1.04)	2.22 (.98)	2.32 (1.18)	2.94 (.98)	2.42 (1.18)	1.80 (.97)
N	436	124	521	237	502	234	479	237	143	169

* Écart type AUS : Australie ; IND : Indonésie, MEX : Mexique ; LAT : Américain latine.

3.2 Analyse comparative en matière de rémunération

Au-delà de certaines problématiques communes à toutes les entreprises quel que soit le pays (rémunérer la performance, fidéliser et motiver...), les systèmes de rémunération varient selon les pays en fonction notamment :

– de différents paramètres culturels tels que le degré d'équité, le niveau d'incertitude, le degré de contrôlabilité, le niveau d'individualisme et l'orientation sur le développement personnel ou matériel (Bento et Ferreira, 1992) ;
– de différents facteurs nationaux comme le contexte fiscal et politique, la législation sociale, les modes de représentation et de négociation (Milkovich, 1988 ; Milkovich & Newman, 1996 ; Gooderham *et al.*, 1999). En particulier, Tremblay & al., (2001) ont montré que les pays influencent beaucoup plus les politiques de rémunération des entreprises que le secteur d'activités ou d'autres paramètres telles que le degré d'innovation.

Étudions plus spécifiquement la politique de rémunération dans quelques pays :

- En France, la politique de rémunération tend vers une individualisation et une variabilisation des salaires. Ainsi, Bournois *et al.* (2007) ont montré que les entreprises du SBS 120 pratiquaient de plus en plus les rémunérations variables qui pèsent de 20 à 30 % du salaire global pour les cadres dirigeants de 3 à 10 % pour le personnel non-cadre (10 à 15 % pour les managers). Les augmentations générales et les salaires en fonction du poste occupé qui constituaient la norme dans les années 1970 ne persistent que pour les emplois du secteur public (statut de fonctionnaire) et les métiers à faible qualification. De plus, l'intéressement et la participation se généralisent dans les grands groupes et représentent dans certaines entreprises une part non négligeable de la rémunération. À ce titre, l'étude Cranet (2004) montre que les entreprises françaises, sur un total de 20 pays étudiés, sont celles qui font le plus profiter leurs collaborateurs faiblement qualifiés de programme d'achats d'actions (18,5 % contre 8,5 % aux USA, 5 % en Austrialie ou 7 % en Allemagne).

- En Russie, le code du travail précise que les salaires sont fixés en fonction de la qualification du salarié, de la complexité, de la qualité et de la quantité de son travail.

- La Chine connaît depuis les années 2000 une forte croissance économique qui entraîne une certaine tension sur le marché du travail. La plupart des entreprises sont ainsi marquées par un taux de turnover important (autour de 30 %) et une difficulté des entreprises à fidéliser les salariés compétents. Il en résulte de fortes augmentations salariales et le développement pour les managers et experts de politiques de rétribution globale (rémunération variable, rémunération symbolique, complémentaire santé, prise en charge des frais de santé pour les membres de la famille...). Les disparités en termes de salaire se creusent. À l'opposé, les salariés faiblement qualifiés ne bénéficient que de faibles avantages (conditions de travail difficiles) et très rarement d'augmentations.
- Au Japon, les augmentations salariales sont négociées au niveau national entre les partenaires sociaux. En général, la rémunération d'un salarié japonais comprend : son salaire mensuel (63.3 %), un bonus en liquide (19.6 %), une politique statutaire de santé (8.9 %), une complémentaire santé (2,8 %), le financement de la retraite future (4,8 %) et des dépenses pour la formation (0,3 %). Au Japon, les grilles de salaires sont rigides et s'apparentent à des grilles de type Parodi amélioré en France. En particulier, les augmentations salariales se pratiquent à l'ancienneté et non sur la base des compétences. Elles témoignent de l'importance et du respect accordé au Japon aux anciens. Un collaborateur construit sa légitimité dans la durée et se perfectionne avec le temps, ce qui génère une augmentation de son salaire fixe matérialisé par son avancée sur la grille de rémunération.
- Aux États-Unis, les salaires sont fortement individualisés pour les salariés qualifiés. La rémunération des individus dépend en grande partie de l'entretien d'évaluation (prime de performance) et de la cotation du poste occupé par l'individu. La pyramide salariale est très hiérarchisée. En effet, un P.-D.G d'entreprise gagne environ 209 fois plus que le salaire moyen d'un ouvrier. À ce titre, les dirigeants bénéficient de nombreux bonus et primes de performances en fonction des résultats obtenus. Ainsi, d'après la base de données Cranet (2004), 33 % des entreprises américaines distribuent des stock-options contre 27 % en France, 18 % en Australie ou encore 13 % en Allemagne.
- Les entreprises australiennes, d'après l'étude menée par AwirS95 (2002), disposent de plusieurs systèmes possibles de rémunéra-

tion : les accords collectifs, les contrats individuels, les salaires de performance, les récompenses, les primes supplémentaires. L'étude montre que 25 % des salariés sont rémunérés selon un seul système, que 34 % des salariés selon deux systèmes, que 27 % à partir de trois systèmes et 14 % disposent de quatre à cinq systèmes de rémunérations. 33 % des salariés bénéficient d'une rémunération variable.

Section 2 RÔLE DE LA FONCTION RH DANS L'ACCOMPAGNEMENT DES ÉQUIPES INTERCULTURELLES

Comme nous venons de le voir dans la première section, les spécificités locales restent encore très prégnantes. Cela pose à la fois la question de l'harmonisation des pratiques, mais aussi du nécessaire accompagnement des membres d'équipes de plus en plus multiculturelles pour favoriser la compréhension réciproque et éviter les dysfonctionnements.

1 Le problème spécifique des équipes multiculturelles

L'internationalisation des entreprises a pour conséquence de modifier considérablement la structure et la composition des équipes de travail. On entend ici par équipes de travail, toute forme de collaboration entre des acteurs internes ou externes à l'entreprise, en vue de réaliser un objectif commun. Les équipes de travail peuvent par exemple réunir des collaborateurs de l'entreprise, occupant des fonctions diverses, dans différentes unités (R&D, production, logistique, etc.) et à des niveaux différents de l'organisation (siège/filiales). Elles contribuent de ce fait à favoriser les relations intra-entreprises, en créant des réseaux latéraux qui permettent d'améliorer les flux des échanges entre les différentes composantes de l'organisation (filiales ou unités commerciales et fonctionnelles). Mais les équipes ne se composent pas uniquement des salariés de l'entreprise. Elles peuvent également intégrer des clients, fournisseurs et autres partenaires de l'entreprise. Elles peuvent de ce fait constituer un lien entre l'organisation et l'environnement, en permettant d'élaborer des stratégies d'actions et d'améliorer le suivi sur le terrain. La formation de ces équipes peut donc répondre à des objectifs divers (prise de décision, coordination, contrôle, développement des activités) et avoir un caractère ponctuel (management d'interface, équipe-projet, groupe de travail) ou permanent (conseil d'administration, commission, comité de pilotage...).

Si l'organisation de ces équipes a été depuis plusieurs années fortement encouragée par les entreprises, le fait le plus marquant en termes de changement concerne le brassage de nationalités différentes (Earley, Gibson 2002 ; Petit, 1999). En effet, il y a encore quelques années, on parlait avant tout d'*équipes pluridisciplinaires* qui regroupaient des individus généralement de même nationalité mais ayant par leur fonction (métier) un savoir et un regard différent sur les problèmes posés. Or il ne s'agit plus ici simplement de regrouper des acteurs qui se distinguent par leurs compétences professionnelles. Les *équipes multiculturelles* demandent une collaboration étroite, entre des individus, de croyances, de valeurs et de comportements très différents (Chevrier, 2000). Ces équipes multiculturelles posent donc d'autres problèmes aux managers, en plaçant les différences dans un registre plus subjectif et sujet à des tensions plus graves.

2 Les formations interculturelles : enjeux et modalités pratiques

Au regard des points développés antérieurement, il apparaît important que la fonction RH conçoive des formations à l'interculturel pour ses managers afin de les aider à gérer cette nouvelle dimension.

En particulier, une étude menée auprès de 3292 dirigeants à travers le monde (Briscoe et Schuler, 2004) a montré que les Français étaient considérés comme ayant des compétences interculturelles moyennes (capacité à comprendre les différences interculturelles, capacité d'adaptation...), comparées notamment à d'autres nationalités comme la Suisse ou les Pays-Bas (*cf.* tableau 3.6).

Tableau 3.6 – Niveau de compétences interculturelles

Pays	Score	Pays	Score	Pays	Score
Suisse	8,02	Thaïlande	6,13	Pérou	5,32
Singapour	7,45	Allemagne	5,95	Irlande	5,30
Pays-Bas	7,39	Argentine	5,92	États-Unis	5,22
Hongkong	7,37	Israël	5,89	Portugal	5,20
Malaisie	7,30	Turquie	5,89	Hongrie	5,18
Belgique/ Luxembourg	7,12	Islande	5,79	France	5,08
Danemark	6,94	Finlande	5,78	Japon	5,08
Suède	6,75	Brésil	5,71	Colombie	5,04
Chili	6,72	Jordanie	5,67	Italie	5,04
Canada	6,63	Grèce	5,64	Angleterre	5,03
Égypte	6,48	Nouvelle-Zélande	5,59	Mexique	6,65
Australie	6,44	Indonésie	5,56	Pologne	4,57
Taiwan	6,44	Venezuela	5,44	Tchécoslovaquie	4,06
Philippines	6,31	Espagne	5,42	Afrique du Sud	3,98
Inde	6,23	Norvège	5,39	Chine	3,42
Australie	6,15	Corée	5,35	Russie	3,10

Les nationalités sont évaluées sur une échelle de 1 (compétences interculturelles très faibles) à 10 (compétences très fortes).

D'après Briscoe et Schuler, 2004.

L'objectif des formations interculturelles est de :

- permettre aux salariés envoyés en mobilité de développer leurs compétences interculturelles afin de faciliter leurs interactions futures avec les collaborateurs du pays d'accueil ;
- aider les managers qui sont dans le cadre de leur travail amenés à travailler avec des équipes pluriculturelles.

À ce titre, Briscoe et Schuler (2004) comparent cet apprentissage à un processus à trois étapes. La première « la prise de conscience » est d'amener le collaborateur à comprendre les spécificités de sa propre culture et la façon dont cette dernière induit ses comportements, schémas de pensée et attitudes. La deuxième étape « respect de l'autre » intervient lorsque le salarié est en mesure d'apprécier les différences culturelles entre son pays et le pays de destination. Enfin, la dernière étape « réconciliation » est associée à la capacité du salarié à s'intégrer à la nouvelle culture et d'intégrer les deux cultures dans ses actions et décisions.

L'ingénierie de conception des programmes de formation va dépendre de deux paramètres (Tung, 1981) : le degré d'interaction requis dans le pays d'accueil et les similarités entre la culture nationale de l'expatrié et la culture locale. En fonction de ces données, le service RH va pouvoir définir la durée de la formation et le niveau d'exigence requis. Black et Mendenhall (1989) préconisent d'avoir recours à un arbre de décision pour fixer en détail le programme de formation (*cf.* figure 3.2).

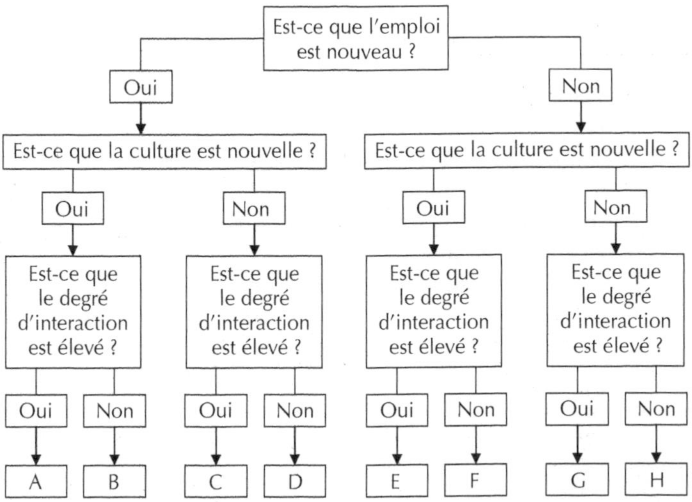

Scénarios de formation à l'interculturel

D'après Black et Mendenhall, 1989.

Figure 3.2 – L'arbre de décision de conception de formations interculturelles

Harris et Brewster (1999) pensent qu'il est encore nécessaire d'améliorer cette approche en prenant en compte d'autres paramètres tels que les spécificités de l'emploi d'origine (la nature du travail, le niveau de soutien organisationnel, les objectifs de la mission à l'étranger, la nature internationale du travail dans le pays d'origine, la localisation du pays d'origine) et les variables individuelles (profil de l'expatrié, spécificité du conjoint).

Cas d'entreprise

Bancafor[1] et la mise en place d'un programme de formation à l'interculturel

Contexte du projet : le Groupe Bancafor est présent dans 77 pays. Il a décidé de concevoir une offre de formation destinée à ses expatriés et impatriés. Pour l'année 2007, il est envisagé de former à l'international 300 salariés expatriés, 300 enfants et conjoints expatriés, 45 salariés impatriés et 35 enfants et conjoints impatriés.

Phase 1 (janvier à mars 2007) : le projet démarre en janvier avec la formulation d'une grille de sélection (définition de critères) au niveau des branches du groupe. L'entreprise lors d'une réunion collective énonce les principes suivants :

- les formations seraient achetées sur appel d'offres avec identification de trois lots (cf. graphique) proposés progressivement :
- lot n° 1 : formation linguistique et formation « acculturation » destinées aux expatriés, impatriés, leurs conjoints et leurs enfants de + de 14 ans,
- lot n° 2 : formation destinée à toute personne ayant des contacts directs ou à distance avec des équipes multiculturelles,
- lot n° 3 : formations permettant aux expatriés de gérer leur retour dans leur pays d'origine, et d'approfondir la gestion d'une équipe multiculturelle ;
- les formations seraient identiques pour l'expatrié, son conjoint et ses enfants ;
- les collaborateurs n'ayant pas de responsabilités managériales seraient formés avec leurs familles à trois thématiques : vie pratique, professionnelle et compétences interculturelles ;
- les managers seraient formés avec leurs familles aux trois premiers modules décrits ci-dessus ainsi qu'à une formation spécifique sur les pratiques managériales ;
- les collaborateurs suivront a priori les formations en groupes – plusieurs familles pouvant être réunies dans une session – sauf lorsque l'expatriation n'en concernera qu'une seule (formation dédiée).

☞

☞

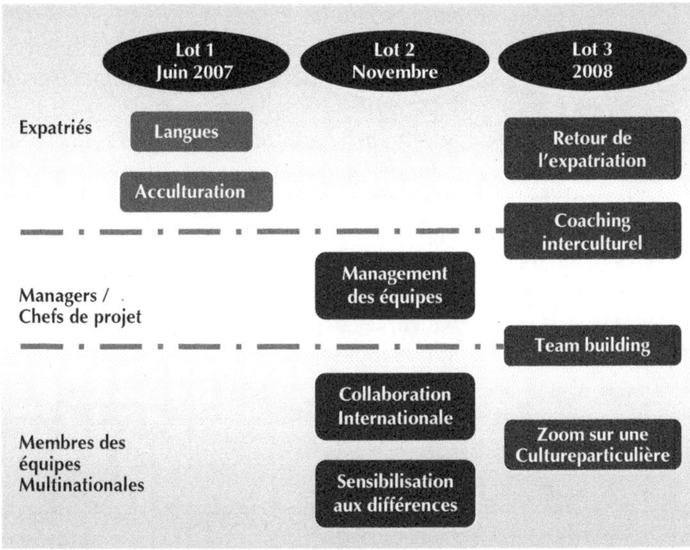

Figure 3.3 – Bancafor : grille de sélection des formations

– **Phase 2**, sélection des prestataires (avril à juin) : un cahier des charges a été élaboré pour chacun des lots. Puis, l'équipe RH a défini un planning de réalisation.

La sélection des prestataires s'est appuyée sur les critères suivants :

– la partie « différences culturelles entre le pays d'accueil et le pays de destination », avec des fiches pays décrivant des faits historiques et géographiques et un questionnaire interactif permettant d'identifier le profil culturel du participant (à partir de grilles d'analyse) ;
– la définition des clés de réussite d'une expatriation ;
– le contenu détaillé de la formation présentielle ;
– les outils et les théories utilisés ;
– le profil des intervenants ;
– les supports écrits remis aux apprenants ;
– les informations données sur la vie quotidienne dans le pays d'accueil ;
– les renseignements donnés sur la vie au travail ;
– la méthodologie ;
– les modalités de suivi après la formation : contact avec le formateur, suivi par téléphone... ;

☞

– le lieu de la formation : dans les locaux du prestataire. possibilité de dispenser la formation dans les locaux du groupe ;
– la logistique mise en place : délai requis pour organiser une session ;
– les pays pouvant être traités en formation ;
– la construction d'une pédagogie spécifique pour le conjoint et les enfants.
– Bancafor a souhaité tester l'efficacité des formateurs en leur demandant d'animer une journée type. Outre la session elle-même, la préparation de celle-ci, le questionnement préalable et le suivi du participant après son départ ont également été examinés afin de se rendre compte du prestataire et de son sérieux.

Action	Avril					Mai				Juin			
Sélection des prestataires à consulter													
Envoi du cahier des charges		02											
Date limite de réception des propositions			20										
1re sélection de prestataires				25									
Présentation de la sélection aux clients internes					26								
Rencontre avec les prestataires						3 & 4							
Date limite de réception de la 2e proposition							18						
Soutenance des propositions par les prestataires								22 & 24					
Choix des prestataires finaux									25				
Élaboration des contrats										Semaines 22 & 23			
Lancement des premières sessions													11 06

☞

Phase 3, déploiement des formations : les sessions se dérouleront dans les centres régionaux de Bancafor, et à Paris (en français), Londres, New York, Hongkong et Bangalore en Inde (en anglais).

Le déploiement de ces formations a commencé le 15 novembre 2007.

D'après I. Tharaud, 2007.

L'ESSENTIEL

Le chapitre 3 propose une analyse comparative des pratiques RH selon les pays. Dans une première section, nous abordons la question de la diversité des pratiques RH et notamment l'importance de l'interculturel dans ce domaine. En particulier, nous nous intéressons à l'influence des cultures nationales et cherchons à établir des points de comparaison par pays à travers l'analyse des facteurs de différenciation propres à chaque modèle culturel (français, japonais, germanique…). Nous pointons notamment l'importance du système éducatif, de l'histoire du pays, de la nature des relations sociales. Une deuxième section est consacrée à l'analyse comparative des pays en matière de GIRH, sous différents aspects, qu'il s'agisse de la politique de recrutement (sources, méthodes, critères) ou de rémunération. Ce chapitre traite également du rôle de la fonction RH dans l'accompagnement des équipes interculturelles, en mettant l'accent sur les problèmes spécifiques (structure, composition, relations internes) qu'elles entraînent et les programmes de formations (enjeux et modalités pratiques) susceptibles d'en améliorer le fonctionnement et l'efficacité.

Conclusion

Cet ouvrage a pour objectif de dresser un panorama exhaustif de la gestion internationale des ressources humaines en s'intéressant aussi bien aux différentes pratiques RH à l'international (mobilité internationale, gestion des expatriés...) et à leurs conséquences managériales (structure, rôles, organisation) qu'aux spécificités culturelles du modèle français par rapport aux principaux pays (États-Unis, Chine...). Ce livre s'est également attaché à étudier les dispositifs que la fonction RH doit mettre en place pour préparer les équipes locales aux organisations multinationales et globales (projets internationaux, équipes pluriculturelles, travail en réseau mondial...).

Il ressort de ce travail que la fonction RH est fortement impactée par l'internationalisation des organisations. Elle doit notamment se professionnaliser tant au niveau de ses missions et de ses rôles (gestion d'une marque employeur globale, gestion des données sociales internationales, harmonisation des pratiques et des statuts, gestion internationale des carrières...) qu'au niveau des compétences à maîtriser (parfaite maîtrise de l'anglais, expertise en matière de SIRH, compétences interculturelles...).

Au-delà des transformations relevées, force est de constater que les pratiques de GIRH oscillent en permanence entre phénomènes de convergence (processus de rapprochement des pratiques RH entre pays et au sein des organisations) et de divergence (adaptation locale, préservation de certaines spécificités culturelles, relative résistance aux normes mondiales...).

En présentant ces différents enjeux, ce livre permet aux responsables RH de prendre toute la mesure de ces changements et donne des pistes pour orienter leurs démarches et actions quotidiennes. En outre, ce livre donne une vision synthétique et globale de l'ensemble des dispositifs et pratiques RH que tout futur responsable ou partenaire de la fonction RH se doit de connaître et de maîtriser.

Postface

Est-il actuellement possible de parler de la fonction « ressources humaines » sans aborder immédiatement sa dimension internationale et globale ?

Tant qu'il s'est agi de gérer le personnel, voire les ressources humaines, la profession s'est considérée locale avant tout. À l'heure où l'évolution de la profession nous emmène inexorablement vers le management des talents, voire même le *pilotage des communautés*, il est clair qu'elle a pris une dimension tout à fait nouvelle qui la met aux premières loges de la globalisation et des réseaux sociaux, qui ne connaissent pas de frontières.

Dès lors, la gestion internationale des ressources humaines s'attribue la part du lion dans toute problématique moderne et opérationnelle liée au capital humain de l'entreprise. C'est d'autant plus vrai au sortir de la crise actuelle, qui laisse l'Europe dans une position nouvelle, avec beaucoup de craintes sur l'emploi, mais en même temps avec l'assurance que le niveau de compétences actuellement disponible chez les salariés européens et la qualité des ressources éducatives en place pourraient conférer un avantage compétitif réel.

Nous savons que seuls les pays qui sauront de manière proactive faire évoluer et tirer vers le haut les compétences des entreprises sauront durablement, non seulement sauver, mais également créer des emplois à forte valeur ajoutée. Inversement, il est tout aussi sûr que beaucoup de postes non qualifiés, ou de métiers à faibles barrières d'entrée, seront de plus en plus vulnérables à mesure que les économies émergentes (en tant que pays à bas coût, mais également en tant que marchés en forte croissance) apprendront des pays mûrs. C'est ce que nous observons depuis plus de vingt ans, il n'y a aucune raison que ce mouvement ne s'inverse.

Bien entendu, les bouleversements des équilibres géoéconomiques que nous connaissons ne laisseront pas *le monde d'après* identique à celui qui avait fait de l'Europe un modèle de protection sociale et de relative équité. Mais la richesse du dialogue social européen, qui est également caractéristique de la qualité du management des ressources humaines à l'européenne, apporte certainement quelques espoirs sur la capacité des acteurs de la négociation à réinventer un monde du travail qui met la personne au cœur de la relation.

La création du Cercle des DRH européens pour la responsabilité sociale (www.cercle-drh-europeens.org) s'inscrit dans cette idée-force que la mise en réseau des DRH, sur des questions communes telles que la RSE, le dialogue social, les impacts des évolutions démographiques, le contrat... permet de travailler ensemble à mieux partager des solutions innovantes, de réfléchir ensemble. Ce cercle regroupe un réseau de groupes nationaux (France, Royaume-Uni, Allemagne, Espagne, Italie, Suède, Pays-Bas, République tchèque) travaillant sur les mêmes thèmes pour faire émerger des bonnes pratiques européennes de responsabilité sociale.

En France, créé à l'initiative de plusieurs DRH de groupes (Air France, Alstom, Areva, Converteam, DCNS, Lafarge, Thales), il vise à regrouper des DRH ou d'ex-DRH bénéficiant d'une forte expérience d'entreprise et d'une bonne connaissance du champ social, et ayant, de ce fait, une vision globale et, une légitimité à faire entendre leur voix. Leur engagement pour la RSE, leur pratique du dialogue social, et leur intérêt pour les politiques sociales et d'emploi fondent leur approche commune professionnelle mais aussi sociétale, sans se limiter au cadre de l'entreprise et en intégrant notamment les dimensions nationales et européennes. Leur seule ambition est de contribuer, en traduisant en propositions concrètes le concept de responsabilité sociale, à faire émerger des normes européennes et ainsi de faire progresser l'Europe sociale.

Pratiquement, les membres du cercle échangent entre eux, par une plateforme coopérative et une convention annuelle, et régulièrement avec tous les spécialistes ou acteurs du champ social ; ils peuvent élaborer des analyses et des propositions sur les sujets sociaux qu'ils sélectionnent et contribuent à la formation des futurs responsables RH.

Pour conclure cette introduction, à l'heure où les échanges de biens, de services, de personnes, de monnaies et d'informations se sont dématérialisés et ne connaissent plus de frontières, il est une évidence qui s'impose : la fonction ressources humaines, partenaire stratégique dans l'entreprise, est aux premières loges de ce mouvement. Elle se doit de l'anticiper, le faciliter et le faire s'imposer avec sérénité et efficacité, pour incarner véritablement son rôle de manager du changement.

Yves Barou, président AFPA,
et Hervé Borensztejn, directeur associé Karistem,

Membres fondateurs du Cercle des DRH européens
pour la responsabilité sociale

Bibliographie

ADLER N.J., *International Dimensions of Organizational Behaviour*, 3e éd., PWS-Kent, 1997.

ADLER N.J. et FARIBORZ G., *A Strategic Approach to International Human resOurces manageMent, International Management Research-Looking to the Future,* De Gruyter, 1993.

AMABLE B., *Les cinq capitalismes*, Seuil, 2005.

AUBRY Y., *Guide pratique et juridique de l'expatrié,* 4e éd., Éditions d'Organisation, 2004.

BARABEL M., MEIER O., *Manageor*, 2e éd., Éditions Dunod, 2010

BARABEL M., MEIER O., "Managing the Return of Expatriate Staff to their Mother Company", *Gestion des resources humaines*, 2013, n° 90, p. 19-34.

BARABEL M., MEIER O., « Existe-t-il une gestion des RH européenne ? », *Personnel*, 2013, n° 545, p. 48-49.

BLACK J.S. et MENDENHALL M., « A practical but theory-based framework for selecting cross-cultural training methods », *Human Resource Management*, 1989, vol. 28, p. 511-539.

BARTLETT C. et GHOSHAL S., *Managing Across Borders : The Transnational Solution*, MA : Harvard Business School Press, 1989.

BORG M. « International Transfers of Managers in Multinational Corporations », *Acta Universitatis Upsaliensis*, Studia Oeconomiae Negotiorumn, 1988, n° 27.

BOURNOIS F., *La Gestion des cadres en Europe*, Eyrolles, 1991.

Bournois F., Defelix C. et Retour D., « Comment appréhender la gestion internationale des ressources humaines d'une entreprise ? Proposition d'une grille d'analyse », 11e congrès de l'AGRH, 2000.

Bournois F., Point S., Rojot J. et Scaringella J-L., *RH : Les meilleures pratiques du CAC 40/SBF 120*, Éditions d'Organisation, 2007.

Brewster, C., « HRM : the European Dimension », *in* Storey, J. (ed.) *Human Resource Management : A critical text*, Routledge, 1995.

Brewster C., Sparrow P. et Vernon G., *International Human Resource Management,* 2e éd., CIPD, 2007.

Briscoe D.R. et Schuler R.S., *International Human Resource Management,* 2e éd., N-Y, Routledge, 2004.

Cadin L., Guerin F. et Pigeyre F., *Gestion des ressources humaines*, 3e éd., Dunod, 2007.

Caligiuri P. M. et Lazarova M., « Strategic Repatriation Policies to Enhance Global Leadership Development », *in* Mendenhall M., Kuehlmann T. et Stahl G. (ed.), *Developing Global Business Leaders : Policies, Processes, and Innovations*, Westport, CT, Quorum Books, 2001, p. 243-244.

Cerdin J.-L., Saint-Onge S., et Savigny X., « La Rémunération des expatriés : défis et pratiques de gestion », *in* Peretti J.M. et Roussel P. (ed), *Les rémunérations, politiques et pratiques pour les années 2000*, Vuibert, 2000, p. 293-309.

Cerdin J.-L., *L'expatriation*, 2e éd., Éditions d'Organisation, 2002.

Cheng J.L. et Cooper D., « A Strategic Context Approach to International Human Resource Management Research », *in* Rugman A.M., *Leadership in international business education and research,* Elsevier Science/ JAI Press, 2003.

Clark T., *European Human Resource Management*, Blackwell Publishers, 1996.

Cranet, « Cranet Survey on Comparative Human Resource Management », *International executive report 2005*, Cranfield University, 2006.

Deller J.F. et Flunkert U., « Recruitment and development of up-and-coming managers in Germany and Japan – an exemplary comparison », *Career Development International*, 1996, vol. 1, n° 2.

D'Iribarne P., *La logique de l'honneur,* Seuil, 1989.

Dowling P.J., et Schuler R.S., *International Dimensions of Human Resource Management*, PWS-Kent, 1990.

Dowling P.J. et Welch D.E., *International Human Resource Management. Managing People in a Multinational Context*, 4e éd., Thomson Learning, 2004.

FELDMAN D.C. et THOMAS D.C., « Career management issues facing expatriates », *Journal of International Business Studies*, 1992, vol. 23, n° 2, p. 271-293.

DUNNING J. H., *Multinational Enterprises and the Global Economy*, Addison-Wesley, 1993.

FERNER A. et QUINTANILLA J., « Multinationals, National Business Systems and HRM : the Enduring Influence of National Identity or a Process of « Anglo-Saxonieationî », *The International Journal of Human Resource Management,* 1998, 31, vol. 9, n° 4, p. 710-7.

FROMBRUN C.J., TICHY N.M. et DEVANNA M.A., *Strategic Human Resource Management*, Wiley & Sons, 1984.

GOMEZ-MEJIA L.R., BALKIN D.B. et CARDY R.L., *Managing Human Resources*, 3e éd., Prentice Hall, 2000.

GOODERHAM P., NORDHAUG O. et RINGDAL K., « Institutional and Rational Determinants of Organizational Practices : Human Resource Management in European Firms », *Administrative Science Quarterly*, 1999, vol. 44, p. 507-531.

GRILLAT M-L., « Contrôle par la GRH dans les multinationales européennes : Une comparaison entre filiales et coentreprises étrangères », 15e conférence AIMS, Annecy/Genève, juin 2006.

HARVEY M., « Addressing the dual-carrer expatriation dilemma in international relocation », *Human resource planning*, 1996, vol. 19, n° 4, p. 91-109.

HARVEY M., SPEIER C. et NOVECEVIC M.M., « A Theory-Based Framework for Strategic Global Human Resource Staffing Policies and Practices », *The International Journal of Human Resource Management*, septembre 2001, vol. 12, n° 6, p. 898-915.

HARZING A.W, « Of Bears, Bumble-Bees, and Spiders : The Role of Expatriates in Controlling Foreign Subsidiaries », *Journal of World Business*, 2001, Winter, vol. 36, n° 4, p. 366-380.

HEENAN D.A. and PERLMUTTER H.V., *Multinational Organizational Development : A Social Architectural Approach.*, Addison-Wesley, 1979.

HOFSTEDE G., *Culture's Consequences : International Differences in Work-related Values*, London, Sage, 1980.

KLUCKHOHN F.F. et STRODTBECK F.L., *Variations in Value Orientations*, Perterson and Co, 1961.

LAURENT A., « The Cross Cultural Diversity of Western Conceptions of Management », *International studies of management and organization,* 1986, vol. 13, n° 1, p. 75-86.

LEGGE K., *Human resource management : Rhetorics and realities*, Macmillan Business, 1995.

MEIER O., *Management interculturel*, 5e éd., Dunod, 2013.

MICHALET C.A., *La Séduction des nations ou comment attirer les investissements*, Economica, 1999.

MILKOVICH, G. T., « A Strategic Perspective on Compensation Management », *Research in Personnel and Human Resources Management*, 1988, vol. 6, p. 263-288.

MILKOVICH G.T. et NEWMAN J.M., *Compensation*, 5e éd., Homewood, Irwin, 1996.

MILLOT M. et ROULLEAU J-P., *Les relations sociales en Europe*, Liaisons Sociales, 2005.

MOHAN A., « Global Corporate Social Responsibilities Management », *Journal of Business Strategies*, 2006, vol. 23, n° 1, p. 9-32.

MORGAN P., « International Human Resource Management : fact or fiction ? », *Personnel administrator*, 1986, vol. 31 n° 9, September.

ODDOU G., « Managing the Expatriates : What the Successful Firms Do », *Human Resource Planning*, 1992, vol. 14 N° 4, pp. 301-4.

PAUTROT J. et GIROUARD Y., *Expatrié : rêve et réalité*, Éditions Liaisons Sociales, 2004.

PERKINS S.J. et SHORTLAND S.M., *Strategic International Human Resource Management*, London, Kogan Page, 2nd edition, 2006.

PERLMUTTER H.V., « The Tortuous Evolution of the Multinational Corporation », Columbia, *Journal of World Business*, january-february, 1969, p. 9-18, .

PHATAK A.V., *International dimensions of Management*, 3e éd., Boston, PWS-Kent, 1992.

PUDELKO, M., « HRM in Japan and the West : What are the Lessons to be Learnt from Each Other ? » *Asian Business and Management*, 2004, vol.3 n° 3, p. 337ñ361.

REILLY P., « HR Shared Services and the Realignment of HR », IES, Report 368, 2000.

ROBERT-DEMONTROND P., « Psychodynamique de l'expatriation : la nostalgie comme syndrome d'adaptation », *Revue internationale de psychologie*, 2001, vol. 7, n° 16-17, p. 317-338.

ROTHWELL W.J., « HR in United States » in Zanko M. et Ngui M., *The Handbook of Human Resource Management Policies and Practices in Asia-Pacific Economies*, Cheltenham, Edward Elgar Pub, 2003.

RONEN S. et SHENKAR O., « Clustering Countries on Attitudinal Dimensions : a review and synthesis », *Academy of Management Review*, 1985, vol.10 n° 3, p. 435-454.

RYAN A.M., MCFARLAND L., BARON H. et PAGE R., « An International Look at Selection Practices : Nation and Culture as Explanations for Variability in Practice », *Personnel Psychology,* 1999, vol. 52, p. 359-391.

SABA T. et CHUA R., « Gérer la mobilité internationale : problèmes de rapatriement et pratiques de gestion », *Management International*, 1999, vol. 3, n° 2, p. 57-68.

SAINT-GINIEZ (de) V. et HOURQUET P.-G., « Évaluer le potentiel d'évolution des cadres », in J.-M. Peretti (dir.), *Tous DRH*, , Éditions d'Organisation, 2001, 2e éd., pp. 205-218.

TANNENBAUM S.I., « Human Resource information Systems : User Group implications », *Journal of Systems management*, 1990, n° 41, p. 27-32.

TAYLOR S., BEECHLER S. et NAPIER S., « Toward an Integrative Model of Strategic International Human Resource Management », *Academy of Management Review*, 1996, vol. 21, n° 4, p. 959-985.

TÖRBIORN I. « Living Abroad. A study of the Adjustment of Swedish Overseas Personnel », Stockholm, 1976.

TREMBLAY M., CHÊNEVERT D. et SIRE B., « Déterminants et Efficacité des stratégies de rémunération : Une étude internationale des entreprises à forte intensité technologique », Série Scientifique, Cirano, avril 2001, n° 2001s-34.

TROMPENAARS F., *Riding the waves of culture* : *understanding diversity in global business*, Irwin, Burr Rudgen, 1992.

TUNG R., « Selection and Training of Personnel for Overseas Assignments », *Columbia journal of world business,* 1981, vol. 16, n° 1, p. 68-78.

ULRICH D., *Human Resource Champions* : *The Next Agenda for Adding Value and Delivering Results*, Havard Business School Press, 1997.

ULRICH D., « Organisational Capability as Competitive Advantage : Human Resource Professionals as Strategic Partners », *Human Resource Planning*, 1987, vol. 10, p. 169-184.

ULRICH D. et BROCKBANK W., *The Hr Value Proposition*, Harvard Business School Press, 2005.

TIXIER J., « Système d'informations RH et Gestion du changement », *in* MEIER O. *et al.*, *Gestion du changement*, Dunod, 2007.

TOURBET M.-L., « Gestion des expatriés et analyse de la cellule famille dans le cadre de l'expatriation », rapport d'étude, Dever Research, 2007.

WHITLEY R., *Business Systems in East Asia* : *firms, Markets and Societies*, Sage, 1992.

WRIGHT P.M. et MCMAHAN G.C., « Theoretical perspectives for strategic human resource management », *Journal of Management*, 1992, vol. 18, n° 2, p. 295-320.

WENTLAND D.M., « A New Practical Guide for Determining Expatriate Compensation : The Comprehensive Model », *Compensation & Benefits Review*, 2003, vol. 35, n° 3, p. 45-50.

YEGANEH H. et SU Z., « Pratiques de gestion des resources humaines en Iran : caractéristiques et determinants sociaux », *Gestion 2000*, juillet-août 2007, p. 71-92.

YAN A., ZHU G. et HALL D.T., « International Assignments for Career Building : Agency relationships and psychological contracts », *Academy of Management Review*, 2002, vol. 27, n° 3, p. 373-391.

HUO Y.P., HUANG H.J. et NAPIER N.K., « Divergence or Convergence : a crossnational comparison of personnel selection practices », *Human Resource Management*, Spring 2002, vol. 41 n° 1, p. 31-44.

ZANKO G. et NGUI M. (dir.), *The Handbook of Human Resource Management Policies and Practices in Asia-Pacific Economies*, Edward Elgar Pub, 2003.

Index

A

C

D

E

F

G

MANAGEMENT SUP

Management – Ressources humaines

Les Fondamentaux du management, 2e éd., 2013
M. Barabel, O. Meier, T. Teboul

Le Management commercial, 2010
I. Barth

La Gestion des talents – *La GRH d'après-crise*, 2010
C. Dejoux, M. Thévenet

Talent Management (version anglaise de *La gestion des talents*), 2012
C. Dejoux, M. Thévenet

Le Management éthique, 2012
G. Deslandes

Management des compétences – *Enjeux, modèles et perspectives*, 3e éd., 2010
A. Dietrich, P. Gilbert, F. Pigeyre, J. Aubret

SIRH Système d'information des ressources humaines, 2010
M. Gillet, P. Gillet

Organisation – *Théories et pratiques*, 4e éd., 2008
Y.-F. Livian

Management interculturel – *Stratégie, organisation, performance*, 5e éd., 2013
O. Meier

13 Cas de GRH – *Études de cas d'entreprises avec corrigés détaillés*, 2013
E. Nicolas

Théorie et management des organisations, 3e éd., 2012
J.-M. Plane

Management des entreprises – *Stratégie, structure, organisation*, 2009
R. Soparnot

Méthodes de recherche en management, 4e éd., 2014
R.-A. Thiétart

Gestion des ressources humaines – *Pilotage social et performances*, 8e éd., 2013
B. Martory, D. Crozet

70942 - (I) - (1,5) - OSB 90° - DAT - JME

Dépôt légal : mars 2014

Achevé d'imprimer par la Nouvelle Imprimerie Laballery - 58500 Clamecy
N° d'impression : 402213

Imprimé en France

La Nouvelle Imprimerie Laballery est titulaire de la marque Imprim'Vert®